不思議？歴史発見！

歴史の裏の隠された
不思議の真実を発掘

佐野量幸

元就出版社

はじめに

歴史は繰り返す、と言われるが、そうではなく、あやまちが繰り返されたことによって、それが歴史となったものである。

なぜかと言えば、それは、人間が何事も学ばなかったからである。ときには、経験とか苦労とか言って、いかにも学んだかのような気になっている。

だが、そもそも経験は言われているほど当てにはならないし、また苦労も、所詮は失敗や後悔の別称にすぎないのであって、本当の意味で学んだとは言えない。

二千年以上も前に成立した、聖書、論語、そして古代ギリシャやローマの哲人たちの言葉が、現在に至るまで途切れることなく語り継がれ、そして読み継がれているという事実が、人間が学んでいるようでほとんど何も学んでいないことを、如実に物語っている。

今でも、年配の人たちが必ず口にする言葉が「今の若い者ときたら……」である。実は、これは、古代ギリシャの遺跡に当時の人の落書きとして残っていた言葉なのである。

すなわち、二千年以上も前から、若い連中のやること為すこと言っていることは、年取った人間からすれば、ことごとく理解不可能で、がまんならなかったのである。

✼

ではなぜ、あやまちが繰り返されるのか。

それは、つまらん者が上に立ったからに他ならない。そして、このことは、英雄や偉人も例外ではない。彼らも、けっこうつまらんことをやっている。

ナポレオンは、彼個人の野望のため、どれほど多くのフランスの若者の命をイケニエとしたことか。

秀吉も、行きたくない大多数の日本人を朝鮮出兵に駆り立てて、無残にも異国の土と為したのである。

そうなのだ。たとえ英雄や偉人と言えども、つまらんことをすれば、つまらん者となるのである。

✼

歴史は、英雄や偉人によって作られている。が、それは全体の一部でしかない。

大部分は、か弱き女性であったり、ほとんど無名の人間たちによって、意外にもダイナミックに動かされているのである。

我々が歴史だと認識しているのは、海面に浮かんでいるように見える氷山の一角にすぎない。

✼

歴史は、勝者によって作られてきたと言われるが、正確ではない。

本当は、勝者が、すべての非を敗者に無理矢理押しつけたことによって、自分の言動を正当化し、さらに美化した結果が、歴史となっているのである。

だからこそ、歴史には必ずと言っていいほど、そのイケニエとされる人物が用意されているわけである。

その最たる人物が、石田三成である。彼は、徳川の御用学者によって、言動はもちろんのこと、その人間性や性格にいたるまで徹底して否定されたのである。そして、人間的に致命的な欠陥があったから、多くの人から嫌われたのは当然であるかのような言われ方をした。

ならば、そんな人間が、どうして西軍の事実上の総大将となったのか、の説明はいっさいなされていない。ただ、そんな奴だったから、関ヶ原の戦いは負けるべくして負けたのだ、と切って捨てられている。

そこには、小早川秀秋の裏切りでやっとこさ勝った事実は、なかったかのごとくである。

ところで、因果応報とはよく言ったもので、初代家康の因果が十五代慶喜に報いたのが、鳥羽伏見の戦いでの藤堂藩と淀藩の裏切りである。

関ヶ原の西軍に同情する声はあるのに、鳥羽伏見の幕府軍への同情がまったくないのは当然である。言うならば、裏切りで得たものを、ただ裏切りで失っただけなのだから。

＊

なぜ、勝者の歴史が歴史となったかと言えば、敗者ならぬ、死人に口無しだからである。

そして、このことは、あろうことか、味方にも通じることでもあるのだ。

つまり、さまざまな悪事を知っている味方や仲間を、知り過ぎたというただそれだけの理由で抹殺するのである。

かくして初めて、英雄や偉人は、そう言われるようになったわけである。悪い奴ほど、よく眠る、とはこのことを言ったものである。

とにかく、悪事のいっさいの証拠を消し、確実なアリバイをこしらえることによって、人は英雄や偉人となるのである。

その代表が、徳川家康である。

彼は、妻と長男を殺した。にもかかわらず、まったく非難されることがないのは、このためである。

何が、信長から強制されて、断腸の思いでそうせざるをえなかった、だ。本当は、子の信康に、自分の地位をおびやかされていたからである。

家康が、どうして二代将軍に秀忠を指名したか。それは、凡庸だったからである。自分を恐怖におとしいれるほどすぐれてはいなかったからである。

その結果、家康は、その死まで、大御所として君臨することができたのだ。すべては、自分の地位を守るためであった。

これはまた、親を追放し、子も殺した武田信玄についても同じことが言える。

親子は他人の始まりと言う。世は、下克上が当たり前の戦国時代である。家康が父親まさりの信康を恐れたのは、だから当然のことである。しかも、嫁は信長の娘である。

家康が我が子を合法的に排除するのにどれほど苦労したか、想像に難くない。すなわち、家康の苦労の大半は、自分の地位を守るためのものだったのである。

✽

このように、歴史はタテマエで出来ていて、ホンネはみごとなまでにカムフラージュされている。したがって、歴史的教訓とか美談なるものは、けっこういかがわしいと考えて、まずまちがいない。

【不思議？　歴史発見！／目次】

第一章　不思議？　歴史発見！

「風が吹けば、桶屋がもうかる」――思いもよらない結果になる、というきわめて都合のいい話のことである。

また、逆説として、そううまく行くはずがない、という意味でもある。

これを歴史に重ねると、こういうことが言える。

すなわち、日本の戦後復興は、旭化成工業のおかげである、と。

これは、決して詭弁でもなければ、春秋の筆法でもなく、論理的に導き出された結論なのである。

では、なぜそう言えるのか。

その論拠は、次の通りである。

日本が戦後復興する上で、神風の存在を抜きにしては語れない。

では、戦争中とうとう吹かなかった神風が戦後に吹いたのは、なぜか。

それこそが、米ソの冷戦である。そしてその神風は、朝鮮半島において、朝鮮戦争という形で吹いたのである。

これによって、不況にあえいでいた日本の製造業は、米軍からの大量の軍需物資を受注することで息を吹き返し、復興への確かな足掛かりをつかんだのである。

そして、数年を経ずして、もう戦後ではない、と胸を張って言えるくらいの経済成長を成し遂げたのだった。

ならば、なぜ朝鮮戦争が起こったのか。

それは、北朝鮮軍が、半島統一を目指して南侵してきたからである。

そして、統一するまであと一歩のところまで韓国軍を追いつめた。しかし、そのことで、米軍を主力とする国連軍の介入を招いてしまい、その後、中国軍も参戦するなどして一進一退の攻防が続き、戦争は長期化したのであった。

もし戦争が短期間で終わっていたならば、はたして日本の戦後復興はどうなっていたかと思うと、このこともまた神風の恩恵だと言わざるをえない。

では、どうして北朝鮮軍が南侵を決意し、朝鮮戦争に踏み切ったのか。

それは、今ならば勝てる、勝って半島の統一を成し遂げられる、という確たる自信があったからに他ならない。

すなわち、米軍が介入して来る前に、決着をつけることができる、という自信が……。

ならば、その自信となった根拠は何なのか。

それこそは、北朝鮮の興南にあった一大工業地帯と、その電力をまかなった水豊ダムその他の存在を抜きにしては語れない。

と言うのも、これらは、アメリカのニューディール政策の目玉とも言うべきＴＶＡ（テネシー川流域開発）に優るとも劣らないほど大規模なものだったからである。

当時の朝鮮半島の二つの国は、現在とは真逆で、北が工業国であり、南は農業国だった。戦前戦中を通して、朝鮮半島のことを知りたければ、北に行けと言われるほど、ある意味、日本国内よりも工業化が進んでいたのだ。

そしてこのことは、当然のごとく、両国の国力の差でもあった。

であればこそ、北朝鮮軍は南侵したのである。

では、北朝鮮軍が勝てるとの自信の裏付けとなった、興南の大工業地帯とそこへ大量の電力を供給する幾つものダムを造ったのは、いったい誰だったのか。

それこそは、日本チッソの野口遵《したがう》氏なのである。すなわち、現在の旭化成工業の創業者に他ならない。

したがって、旭化成が戦後日本を復興させたことになるわけである。

✲

旭化成の発祥の地は、宮崎県延岡市であるが、これに関して、「ひょうたんから駒」が出たような歴史的な大事件の基を作ったのが、江戸時代の延岡藩であったことは、まったく知られてはいない。

この事実こそは、無名の人間によって歴史がダイナミックに動くものであることを如実に証明している。

ところが、当人たちは、このことにまったく気がついていないのである。

と言うのも、彼らは、特別なことは何もしていなかったからである。

そんな何でもないことが、後に誰も想像できないような、とてつもない大事件を引き起こすきっかけになる、ということこそ、歴史の不思議でなくて何であろう。

✻

延岡藩七万四千石の江戸屋敷では、江戸詰めの家老以下重立った家臣たちが、さる大名家の兄弟二人のうち、どちらかを次の殿様として養子に迎えるべきか、相談していた。

すでに面接は終わっていた。……そもそも面接なるものは、この場合、すぐれた人間を選ぶというよりも、自分たちにとって都合のいい人間を選ぶという傾向が色濃くある。そしてその基準は、集団になじむ協調性があることだ。そのため、自我が強かったり、自分の信念を持っている者は、忌避《きひ》されることになる。なぜなら、和をもって貴しとなす国だからである。

そして、家臣たちがもっとも重要視する次の殿様に求めている資質の第一は、家臣たちの言うことをよく聞くことである。それはつまり、温和しくて毒にも薬にもならないような人物だということに他ならない。それさえ満たしていれば、ある意味、誰でも良かったのである。

本当ならば、米沢藩の上杉鷹山のようなすぐれた人物を切望するはずなのだが、そんなヤル気まんまんの名君は、彼らにあっては、ありがた迷惑的な存在だった。

延岡藩も御多分にもれず、財政はきわめて厳しかったが、だからと言って急激な変革は望んでいなかった。次の世代へこのままの状態で何とか引き継げば、それでいいと考えていた。

重役会議の結果、弟の方を養子にすることが決められた。その理由は、兄の方が精気あふれ、何かを胸に秘めていそうで、無気味だったからである。

もし、まちがって兄が主君となったら、自分たちの立場がどうなるかと思っただけで、ゾッとしたのである。弟の方であれば、少なくともこれまでのように平穏な生活が保障される、と考えたのだった。

かくして、可もなく不可もない弟の方が、次の藩主と内定したのであった。

弟は、部屋住みの肩身の狭い境遇から、田舎大名とは言え、七万四千石の殿様になれることを、この上なく喜んだ。が、兄に気兼ねして、都落ちすることになりました、と言った。

兄は気丈にも、弟の出世を祝福したものの、がっくりと肩を落として、国元へ帰って行った。

江戸に出て、すでに一年が経とうとしていた。

兄は、自分のどこがいけなかったのか、と反省しつつ、最後の養子縁組が破談となったことで、これからは部屋住みのままで生涯を終える覚悟を決めたのだった。このとき、彼は、自分が殿様の子供として生まれたことを恨んだにちがいない。

たったこれだけのことだった。しかし、このことが後に日本の歴史を大きく変えたのである。

なぜならば、もし兄の方が延岡藩主となっていたならば、幕末最大の事件である、安政の大獄もなく、もちろん桜田門外の変もなかったからである。そして、橋本左内、吉田松陰も若くして死なずにすんだのだ。

彼こそ、大老の代名詞ともなっている、井伊直弼その人であった。

ただおもしろいことに、その後、幸運にも兄の跡を継いで彦根藩主となることができた彼を大老に推薦したのは老中の松平忠固だったが、その理由は、延岡藩の家臣たちとは逆で、彼が子供っぽく、尊大で無能だから、ということだった。

ちなみに、兄弟を面接した家臣の名前は、だいたいわかっている。

筆頭家老の内藤さん、同じく家老の穂鷹さん、あと組頭の加藤さん、近藤さん、上田さん、それと江戸詰めの平野さんである。

✽

井伊直弼が暗殺された事件をテーマにした映画『桜田門外の変』にこんなセリフがある。

「井伊直弼の首一つ奪うのに、どれだけ多くの命を道連れにしたのでしょうか……」

実行グループのリーダーだった関鉄之介の述懐である。

実際、直弼の暗殺にかかわった者はもちろんのこと、これを計画し、命じた者や彼らを支援した者たちが根こそぎ捕えられて、ほとんど全員が処刑されたのだった。

このセリフからは、井伊の首を獲って本懐を遂げたときの喜びは消え去って、人間の、あるいは生きていることの空しさしか伝わってこない。

同じ本懐でも、赤穂浪士たちは大絶賛されたのに、水戸浪士たちはまったくと言っていいほど、賞賛されることはなかった。同じテロであるのに。

このことは、五・一五事件と二・二六事件についても言える。

五・一五事件の首謀者たちには多くの同情が寄せられ、全国各地から助命や減刑を求める嘆願書が殺到したのだが、四年後の二・二六事件には、そういった現象は起きなかった。

なぜ、青年将校たちが二・二六事件を引き起こしたかと言えば、その大きな理由のひとつが、五・一五事件の首謀者たちから死罪となった者が一人も出ず、それどころか、せいぜい数年の懲役刑だったことである。

あれだけの事件を起こしたにもかかわらず、世間から英雄視された上に、軽い刑だったのだから、今度もたとえ失敗したとしてもその程度の罰ですむのならば、ダメで元々、やらなければ損だ、みたいな甘い考えのもと、決行したのでは、と考えられる。

その証拠に、彼ら青年将校たちは、あれほどのことを仕出かしておきながら、半年も経たないうちに恩赦か何かで釈放されることになるだろう、と収監先で語り合っていたのだ。そのときは、みんなで一杯やろうじゃないか、と。

彼らが本気でそう思っていたことに、空恐ろしさを感じる。そしてこのことは、白昼堂々と、陸軍省内で永田鉄山軍務局長をぶった斬った後、何事もなかったかのように平然として、その足で任地である台湾へ向かおうとした相沢中佐に相通じるものがある。

言うならば、彼らは、人を殺したことに対して、何の罪悪感も抱いていなかったのである。

これは、異常と言うよりも、狂気の沙汰である。

それはともかく、二度あることは三度あると言うにもかかわらず、ではどうして二・二六に続いて同じような事件が起きなかったのかと言えば、二・二六事件後、青年将校たちのほとんど全員が銃殺刑となったからである。

次に三たび事を起こそうものなら、必ず死罪になると周知徹底したことが、新たにテロを起こそうとしている連中に対して、強烈な抑止力となったものである。

✽

抑止力について言えば、まったく減らない振り込めサギと飲酒運転を本気で減らそうと考えているのならば、司法関係者は、彼らに対して一律、懲役十年、罰金一千万円というくらいの重い罰則を科す、と決めればいいのである。

なぜ減らないかと言えば、刑罰が軽いからに他ならない。他人の人生を目茶苦茶にしておきながら、平気でいられるのはそのためである。

人間は、刑罰の重さによってしか、犯した罪の重さを実感できない。軽かったならば、悪いことをしたという罪の意識も稀薄になる。

人生を台無しにされた人の痛みをいやというほど思い知らせるためにも、この二つの犯罪には厳罰化が不可欠だと考える。少なくとも、軽い気持ちでは出来ないだろうから。

すなわち、二度あったことが三度も起こらないようにするには、二・二六事件のときのように厳罰化するべきなのである。

さて、延岡藩の家臣たちは無名のままだったが、それまで無名だった者たちが一躍有名となり、その後もずっと現代に至るまで、その地位が不動のものとなっているきわめて稀有な例がある。それは、赤穂浪士たちである。

彼らは、不滅であると言っても過言ではない。何しろ、ハリウッドでも忠臣蔵もどきが映画化されるのだから、今やインターナショナルな存在にまでなっている。

彼らは、ほとんど無名だった。それが、たまたま討ち入りが成功したことによって、実際以上に賞賛されたのだ。

と言うのも、全員が切腹したことによって、その名誉が永遠のものとなったからである。

もし、彼らが生き長らえていたならば、その大いなる名声に耐えられなくなり、そしてそれに押し潰されて、浪士の半数以上は、精神的にダメになってしまっていたと考えられるのだ。

それよりは、なぜ忠臣蔵が永遠の命を保っているかと言えば、すべては、「生類憐みの令」という悪法にあった。

「**地震　雷　火事　おやじ**」――この句は、世の中で恐ろしいものをただ列挙しただけのことだと言われている。

だが、もしそうだとするならば、どうして台風が抜けているのか、素朴な疑問が出てくる。著名な絵師の作品に、『風神雷神図』がある。これは、台風と雷への恐怖を描いたものである。絵師にとっては、台風は雷と同じくらいか、それ以上の存在だったことがわかる。

であるのに、三番目には、人災とも言うべき火事が出てきた。……こんなおかしいことはない。しかも、最後が、おやじとなっている。もうここまでくると、何でこうなったのか、理解不能である。

では、なぜ三番目が、台風ではなく、火事だったのか。

それは、どうしても、火事でなければならない理由があったからである。そして、このことは、最後のおやじとも密接に関係しているのである。

地震と雷は、天災である。が、火事とおやじは、人災である。つまり、天災と人災を二つずつ分けたのである。そのためには、台風ではダメだったのだ。なぜなら、最後のおやじにつなげることができなくなるからである。

要は、おやじを入れるためには、三番目はどうしても人災である火事でなければならなかったのだ。

その理由は、のちほど。

✽

「火事とけんかは江戸の華」と言われた。それはつまり、庶民にとっての火事とは、人災というよりも、お祭りに近いものだったと言うことができるわけである。したがって、火事は、災難として三番目に来るべきものではなかったことになるのだ。

しかし、どうしても三番目でなければならない理由があったのである。それはつまり、この場合の火事とは、火山の爆発が本当の意味だった、ということである。そうすると、地震や雷との整合性がぴったりくるからである。

なぜなら、ただの火事であれば、逃げのびる可能性はけっこう高いが、火山の爆発はそうはいかない。見るからに恐ろしいし、この世の終わりが来たかと観念するほどである。

同様に、地震によって住んでいるところが壊滅するし、すさまじい雷鳴を耳にすると生きた心地がしなくなるという恐怖を味わう。そんな何の抵抗もできない自然の猛威と言うか脅威と同列に並べられたおやじとは、ではいったい誰だったのか。

すなわち、この句が本当に主張したかったのは、四番目の天災のような人災なのである。そして、その張本人を、わざとおやじと言って、うまくカムフラージュしたのである。そのためにこそ、三番目は、火山ではなく、火事でなければならなかったのだ。

✽

庶民に対し、その存在が天災以上の人災となった人物こそ、五代将軍の徳川綱吉に他ならない。

つまり、彼が出した生類憐みの令が、地震や雷、そして火山の爆発と並び称されるほどの天災だったことをこの句に仮託して、批判したものだったのだ。

そして、忠臣蔵に庶民が拍手喝采したのは、赤穂浪士たちの討ち入りが、まさに天災のような綱吉の治政に一矢報いた行為だったからである。

全面的に受け入れざるをえない現実という天災に対して、ささやかながらもそれに敢然と立ち向かい、そしてみごと本懐を遂げたことを、だから庶民が長く強く支持してきたのは、当然と言えば当然であった。

✲

地震も雷も火山の爆発も、長くは続かないものである。

しかし、生類憐みの令は、綱吉の死まで数十年も続いたのである。

すなわち、悪法は、一過性の地震、雷、火山の爆発などの天災の比ではない、という意味でもあったのである。


「つまらん連中が上に立ったから、下の者が苦労し、流血を重ねたのである」――広島やくざ戦争の当事者だった美能組組長、美能幸三氏の手記に出てくる最後の言葉である。名文句である。

これは、単にやくざ間の抗争のみならず、世界の歴史のすべての戦争にも当てはまる、歴史的名言と言っても過言ではない。

そして、この名文句がもっとも当てはまるのが、第一次世界大戦であった。

何しろ、四年の間に、一千万人もの命が失われ、さらにその数倍の負傷者を出したのだから。

すべては、数人のつまらん連中のせいであった。

＊

つまらん連中のなかでも特に罪深い者が、第一次世界大戦というスイッチのボタンを押したオーストリーハンガリー帝国のベルヒトルト外相と、同じく参謀総長のコンラートの二人である。

ただ二人の名誉のために言うと、まさか自分たちが、第一次世界大戦というドミノ倒しの、最初のチップになるとは、まったく想像もしていなかったことである。が、これは、殺人を犯した者の言い訳にすぎない。つまり、殺す気はなかった、あるいは、よもや死んでしまうとは思わなかった、などの。

では、なぜ、そんなちょっとしたことから、第一次世界大戦という未曽有の事態となったのかと言えば、底無しのもっともつまらない連中が、二人のチップの次のチップとして存在したからである。

それが、ドイツ皇帝のカイザーとロシア皇帝のニコライ二世である。

この二人によって、ドミノ倒しの勢いが誰にも止められなくなり、まったくの制御不能の状況に陥ったのだ。

さて、ベルヒトルトとコンラートである。

二人は、自国の皇太子夫妻が暗殺されたサラエボ事件を絶好の口実として、セルビアに対し、宣戦布告を前提とする最後通牒を送りつけたのである。

その内容たるや、太平洋戦争直前にアメリカが日本に突きつけた、あのハルノートの比ではないくらい、絶対に受け入れることのできない条項ばかりだったのである。

すなわち、最後通牒とは名ばかりの、宣戦布告状だったのだ。

二人の目的は、セルビアと戦争して大打撃を与えることだった。

そのセルビアは、二度のバルカン戦争に勝って領土を大きく拡げることができたものの、これによって国も軍も疲弊していたので、三たびの戦争をやる余力はなかった。それはちょうど、日清戦争後の三国干渉をいやでも受け入れざるをえなかった、当時の日本と、置かれた立場がよく似ている。

それで、一ヶ条を除いて、残りすべての要求を呑んだのであった。

はっきり言って、オーストリーハンガリーにとっては、外交上の大勝利だった。まさに、戦わずして勝ったのである。

が、ここからが二人の本領発揮であった。と言うのも、あろうことか、一ヶ条を拒否したというただそれだけの理由で、セルビアに宣戦布告したのだった。つまり、二人にあっては、何が何でも戦争したかったのである。

だとするならば、オーストリーハンガリー軍が、臨戦態勢にあったのかと言うと、そうではなかったのだ。戦争の準備は何ひとつなされていなかったのである。……愚かにもほどがある、とはこのことである。

早い話、準備しなくとも、セルビア軍に簡単に勝てると勝手に思い込んでいたのである。

ところが、最初の両軍の激突で、何と、オーストリーハンガリー軍が大敗を喫してしまったのだった。兵力差で絶対に負けないと思われていたのに、である。

なぜ、そうなったのか。

それは、セルビア軍が兵数で劣っても、戦争慣れしている少数精鋭だったからである。対するオーストリーハンガリー軍は、大軍とは言え、雑多な民族の兵士たちの集団であり、なおかつ、平和ボケしているおもちゃの兵隊にすぎなかったのである。

かくして、ロシアが参戦する前にセルビアとの決着をつけようとした、ベルヒトルトとコンラートの思惑が大きくはずれ、これによって、二国間の局地戦のつもりが、一挙に世界大戦へとなだれこんでいったのである。

二人にすれば、ちょっとした火遊びのつもりだったろうが、結果として大火災を引き起こしてしまったのであった。

このように、国のトップに、アホが二人もいれば、それだけで大罪となるのだ。

✲

そして、次のチップのドイツ皇帝とロシア皇帝の二人である。

彼らは、それぞれが、オーストリーハンガリーとセルビアに白紙委任状を渡していたのである。

そのため、オーストリーハンガリーとセルビアはどちらも強気に出たのだった。言うなれば、「虎の威を借りるきつね」である。

つまり、いざとなったら、それぞれドイツ、ロシアが必ず助けてくれる、という安心感があった。

ベルヒトルトとコンラートの二人がセルビアに送ったきわめて苛酷な最後通牒は、元はと言えば、ドイツの白紙委任状がその担保となっていたからこそだった。

また、セルビアが一ヶ条を拒否できたのも、ロシアの後ろ楯があったからに他ならない。すべては、二人の皇帝のこんな軽率な行為が原因だった。これではまるで、どうぞ戦争でも何でもして下さい、とけしかけているようなものではないか。二人は、そんなこともわからなかったのだ。

ロシア皇帝ニコライ二世は、日露戦争前にこんなことを言っていた。

「余が戦争を望んでいないのだから、日露間で戦争が起こるはずがない」

日本を挑発し、さんざんいたぶっておいての言葉である。まさに、地球は自分を中心に動いているかのごとき暴言であった。

これが、ドイツ皇帝カイザーとなると、あちこちで紛争の種をまき散らしていたわけで、その結果、フランスやロシアと常に敵対関係にあったイギリスが、この両国と三国協商を結び、ドイツの敵となってしまったのであった。

すべては、カイザーの身から出たさびであり、自業自得であった。彼は、わざとそうしているのではないかと思えるほど、ドイツが不利になるようなことばかりをやっていた。

そして、その総決算が、第一次世界大戦での敗戦だったのである。

✻

第一次世界大戦が始まると、その主役は、当然のごとく、軍の司令官になる。

が、独英仏露それぞれの指揮官たちがこれまた、まるで愚劣無能の見本市のごとき盛況さだったのである。

つまり、一千万人もの戦死者を出したのは、すべてそんな彼らの責任なのであった。

司馬氏は「坂の上の雲」において、旅順攻撃の司令官だった乃木将軍を、これでもかとばかりに徹底的に非難罵倒したわけだが、第一次世界大戦の司令官たちにいたっては、乃木将軍など、とうていその足許にも及ばないくらいの愚劣無能ぶりを存分に発揮したのである。恐ろしいことに、旅順攻撃とはケタ違いの被害を普通に出していたのだから驚く。

と言うのも、司令官の無理無茶無謀の命令ひとつで、万単位の将来ある若者たちの命が一瞬のうちに戦場の露と消えていったのである。まさに、「つまらん連中が上に立ったから～」を地で行ったのである。これはもう、天が人類に罰を与えるために、第一次世界大戦が起こるように誘導した上で、愚劣無能な者を司令官に配置していたとしか、他に考えられないことである。

すなわち、政治家、皇帝、軍人という三者のみごとなまでの愚劣無能のトライアングルであった、と言うことができる。

だが、これだけでは済まなかった。なぜなら、災難は単独ではやって来ない、必ず道連れがいる、と言うからである。

それは、大戦中に世界中に流行し、その死者が数千万と言われるほどの猛威を振るった、あのスペイン風邪の発生である。

もうここまでくると、第一次世界大戦は、人災と言うより天災である。なぜなら、第二次世界大戦は、第一次世界大戦の置きみやげだからである。初めの大戦なくして、次の大戦はなかった。

「神輿《みこし》が勝手に歩ける言うんなら、歩いてみいや、おう！」——これは映画『仁義なき戦い』のセリフである。

日本の歴史において、組織のトップは、たいてい神輿だった。ただ担がれているだけの存在だったと言っても過言ではない。つまり、トップとは、偉くて、強い権限を持っていると言うよりも、担ぎ手たちの言いなりになっているというのが実態だった。

とは言うものの、この国では、神輿が動かないときは、実に平和な時代だった。そして、この句のように勝手に動き出すとき、決まって戦乱の世になった。

その最たるものが、南北朝である。すべては後醍醐天皇が幕府から権力を奪い返そうと懲りずに何度も陰謀を企てたことがその始まりだった。

天皇にとっては理想社会を実現するための行動だったかもしれないが、それが何をもたらしたかと言えば、日本国中を未曽有の大混乱に陥らせたことである。すなわち、天皇がやったのは、結果的に、戦国乱世の種を日本の隅々にまでまき散らしたことだった。

✼

これに関して、源頼朝が橋供養《はしくよう》のとき落馬して頓死したのは、事故死に見せかけた殺人ではなかったか、と考えられる。

と言うのも、死の二、三年前から、頼朝は御家人たちの言うことを聞かなくなり、勝手に動いていたからである。

それを裏付けるのが、自分の娘を天皇の后《きさき》にするために、朝廷に急接近したことである。勝手に自分で動こうとする神輿を、いったい誰が担ぐだろうか。

このことは、二代頼家についても同様である。彼は何でも自分でやりたいようにやろうとして、御家人たちから排斥され、挙句に殺された。

そして三代実朝は、幕府のことは御家人たちに任せたものの、個人的に天皇や朝廷に親しんだがために、これまた亡き者とされた。

結果として、このことが、後鳥羽上皇による承久の変を招くことになった。

したがって、これだけは言える。神輿が勝手に動くとき、世の中も激しく動く、と。


「信念」――第一次世界大戦のきっかけとなったサラエボ事件を引き起こしたのが、名もなき十九歳の少年、プリンチップであったように、第二次世界大戦後の長い米ソの冷戦を演出したのも、同じように、ほとんど知られていない青年であった。

彼の名を、セオドア・ホールと言う。

プリンチップと決定的に違うのは、彼が才能豊かな若き物理学者だった、ということである。

そのために、ホールは、アメリカのとてつもないある計画に研究者として召集されたのだった。

これこそが、マンハッタン計画である。そう、あの原爆製造計画に他ならない。

そして、原爆が完成し、実験も成功したことで、ホールを始めとする研究者の多くは、アメリカ一国だけが核兵器を持っていることの世界への悪影響を、真剣にそして深く考えないではいられなかったのだった。

つまり、このままでは世界はアメリカだけが突出した軍事力を持つ、アメリカ一強時代となって、世界の国々は、アメリカに逆らうことのできない、アメリカ独裁世界となるのではないか。そして、アメリカ人以外の人類はアメリカの言いなりとなって、みんな不幸になってしまうと本気で世界の将来を危惧したのだった。

それでどうしたかと言うと、ホールは、原爆の製造方法を、ソ連のKGB工作員に密かに伝えたのだった。

その結果、アメリカが原爆実験に成功してから四年後に、ソ連も成功したのである。

かくして、米ソは冷戦に突入したのだ。

ただ、原爆製造方法をソ連に教えたのは、他に何人もいた。

アラン・メイ、クラウス・フックスなどがソ連の原爆製造にもっとも貢献した物理学者だった。

が、しかし、核爆弾の文字通り核となる技術は、彼、セオドア・ホールが伝えたものであった。

アラン・メイがソ連のスパイだったとして捕まったとき、裁判で弁護士が彼の行為を弁護したときの言葉が、ふるっている。

「被告は、自らが正義だと信じて疑わなかったことを、勇気をもって、あるいは祖国を裏切るかもしれないという恐れを乗り越え信念を持って、あえて行動を起こした信義の人である……」

まるで、無理を通して道理を引っ込ませた論理である。

自分が正しいと思ったことならば、何をやっても許されるとでも言うのだろうか。人間はよく間違う動物であると言うのに。

人類史上最強最悪の殺人兵器の製造に手を染めておきながら、今さら正義もクソもないものだ。

理科系の人間に決定的に欠けているもの、それは倫理感である（あのサリンを製造したオウム真理教の信者たちもまた、理系だった）。

さて、原爆の情報を流したほとんどのスパイは捕まったが、ホールはシラを切り通して、うまく言い逃れることができた。

彼は死ぬまで、自分のやったことが、世界平和に貢献したと信じて疑っていなかった。

信念とは、ひとりよがりで、自分を正当化できる安易な持ち物である。

✼

大事件を起こす人間に共通するのは、自分がこれからやることは、世のため人のためである、という強い信念の持ち主であることだ。

それを象徴するのが、過激派という言葉でくくられている人々である。

日本においては、二・二六事件がまさにそうである。

ところで、これに関しては、おもしろいことがあった。

それは、決起した将校の急先鋒で、決起に殉じるとまで言い切った首謀者の一人が、決起が失敗したとわかるや、先頭を切ってあっさりと投降しようとしたことである。

その逆もあった。決起することに最後の最後まで思い悩んでいた安藤大尉一人が、事成らずとわかった後でも、決して投降しようとしなかったのだ。

信念にもいろいろあって、その多くはただ口で言うだけのものである。本当の信念は、心の深奥に隠しているものだ。

「恋に焦がれて鳴く蝉よりも、泣かぬ蛍が身をこがす」という。

✽

単なる思い込みでもあり、物事を深く考えない人間の便利な持ち物である。そして、自己満足するには、絶対に必要不可欠なもの。

その本質は、利己的でまったく融通がきかないことである。つまり、ダメなものはダメ、と決めつけるがゆえに、信念に反することはいっさいやらないのだ。

それはちょうど、行動マニュアルに似ている。

✽

多くは、その人間のひとりよがりであって、ただの依怙地にすぎない。

なぜなら、当人からそれを取ったなら、おそらく何も残らないだろうから。

✽

信念を貫く、あるいは信念に殉じる、という言い方をする。ずい分とかっこいい言葉である。これを口にしただけで、自己陶酔に浸れてしまいそうである。

だが、そういうことは、ある意味、狂気にとりつかれないと、なかなかできるものではない。

早い話、信念とは、狂気の変種なのである。

二・二六事件と言えば、やはり昭和二十年八月十四日から十五日にかけての、宮城クーデター事件がすぐに思い起こされる。

この二つの事件に共通するのは、実行犯が死んで、本当の首謀者とおぼしき連中は、その後、何事もなかったかのようにのうのうと生き続けたことである。

「悪い奴ほど、よく眠る」と言う。本当のワルは、決して自決などしない。生き残って、私とは無関係です、とすましている。そして、すべての責任を死んだ者に押しつけるのである。死人に口なしで、死んだ者は何の反論もできない。したがって、本当のワルとは、二・二六事件では、真崎大将であり、宮城クーデター事件では、生き残った竹中中佐（阿南陸相の義弟）と井田中佐、及び大佐クラスの数人だと考えられる。

本物のワルは、決して自分の手を汚さないものである。また、火の粉が降りかかってきそうになったら、容赦なく口封じをする。

これは、組織においても同様である。実行した者が報われたことはない、と言っても過言ではない。

✽

組織――あくまで、ほんのひと握りの上層部の人間のためだけのものであって、末端の個人とは、ほとんど無関係である。

✽

将棋の王将にたとえられる。とにかく、王将を守ることが最優先され、それ以外の駒はそのための犠牲にならなければならない。

歩は、使い捨ての代名詞となっているわけだし、もっとも重要で強い飛車でさえが、王手飛車取りをかけられたならば、あっさりと見殺しにされるのだ。

✽

組織のため、という大義名分によって、いったいどれほど多くの人たちが犠牲となったことか。

しかしそれは、自分たちは何もしないひと握りの上層部のためであった。

✽

組織とは、個々の人間にはいやなことを強制するものの、個々の人間を守ることをすべて拒絶した存在である。

アメリカのテレビドラマ『スパイ大作戦』での決まり文句、「なお、当局はいっさい関知しないから、そのつもりで……。では、成功を祈る」そのものである。

言うならば、成功を期待するだけで、それ以外は知ったこっちゃない、という無責任な体質こそが、組織の組織たるゆえんなのであり、本質である。

すなわち、「組織よ、汝のために、どれほど多くの血と涙が流されてきたことか……」なのである。

✽

ただでさえ、組織はこういうものであるのに、これで組織のトップがつまらん連中であったとしたら、本当に最悪なわけである。

太平洋戦争前の日本がまさにそうだった。したがって、なぜ負けるとわかっている戦争をしたのか、というのは疑問でも何でもないのである。

そして、この逆が、終戦時の日本のトップたちだったのである。当時、六巨頭と言われた首相、外相、陸相、海相、参謀総長、軍令部総長の六人全員が、まともだったからこそ、奇跡と言われた終戦が実現したのである。

いや、そうではない。あの日本史上最悪のときに、トップが全員マトモであったことの方が、奇跡なのである。ひとりでもつまらん奴がいたら、終戦はまだ先だったかもしれない。なかでも、戦争を終わらせることに対する最大の障害であった陸軍をひとつにまとめて、粛々と終戦へ導いた梅津参謀総長の功績は特筆に値する。

終戦と聞いてもっとも大騒ぎするはずの、あの東条元首相兼陸相が沈黙していたのは、梅津にだけは頭が上がらなかったからである。それは、阿南陸相も同じである。

東条、阿南は有名だが、梅津はほとんど無名である。

歴史は、無名の人間で動いているのであって、有名な人間は、実際は歴史の舞台でスポットライトを浴びて踊らされているだけなのである。

✽

開戦と終戦に関して、終戦が可能だったのだから、戦争を回避することも聖断で可能だったのではないのか、という議論がある。

歴史を知らぬ者の妄言である。

二・二六事件において、軍部、特に青年将校を中心に、自分たちに理解があるとみなされていた秩父宮を天皇に、という陰謀があったとかなかったとか、まことしやかな噂があった。その証拠に、二・二六事件を起こした彼らの一人が処刑されるとき、天皇陛下万歳、ではなく、秩父宮様万歳と叫んだと言う。

してみれば、恐るべき噂だったわけである。

青年将校たちの間で不穏な動きがあると言われながら、ただの噂にすぎない、と一笑に付して、何の対応も予防策も講じなかった陸軍上層部は、噂が現実に起こったとき、あわてふためいたのであった。

したがって、噂というのは、可能性は決してゼロではないのである。

昭和天皇も、二・二六事件のときのトラウマがあって、もし対米戦回避という聖断を下そうものなら、秩父宮に取って代わらされるのではないか、と本気で考えられていたのではないか。そしてそれは、決してありえないことではなかった。

つまり、軍が絶頂期にあったとき、不戦という聖断は、ある意味、天皇の自殺行為、あるいは自爆行為となった可能性は決して否定できないのである。

では、なぜに終戦の聖断はできたのか。

それは、言うまでもなく、軍が弱体化して、聖断をはね返したり、無視したりするだけの力がもはやなかったからである。

にもかかわらず、一度ならず、二度までも聖断を下さざるをえなかったところに、天皇が一方的に思われているほどには、絶対ではなかったことを、如実に証明している。

このように、開戦と終戦では、その置かれた状況や立場がまったく違うのである。聖断が可能だったかどうかではなく、要は、陸軍が聖断を受け入れるかどうかが問題だったのだ。

したがって、終戦が奇跡だと言われたのは、聖断によると言うよりはむしろ、陸軍が全面的にそれを受け入れたからである。

そして、その素地を作り、指導したのが、それまで陸軍内にはびこっていた下克上の風潮を絶対に許さなかった梅津参謀総長だったのである。

(※梅津についての詳しいことは、小著『終戦をプロデュースした男　梅津美治郎大将』で)

✻

戦争に関して、先の戦争はと聞かれて、かつて熊本の植木の人は、太平洋戦争ではなく、西南戦争だと答えた。

と言うのも、植木の町には、あの有名な激戦地、田原坂があるからで、太平洋戦争はほとんど関係がなかったのである。つまり、空襲がなかったので、戦争の悲惨さと言われても、ピンと来ないのである。だから、彼らにあっての戦争とは、とても身近だった西南戦争なのである。

このことは、同じ関西でも、大空襲があった大阪と、まったくなかった京都との差でもある。

京都人も、先の戦争はと聞かれると、誰もが応仁の乱と答える、と言われている。

それはさておき、ではなぜ、京都が空襲されなかったか。

ほとんどの人は、京都そのものが貴重な文化遺産だから、と答えるはずである。

だが、それは大きな勘違いである。本当の理由は、まったく逆で、原爆投下の候補地だったからである。

一度空襲すれば、多くの建築物が焼失するから、そこへ原爆投下した場合、その正確な被害状況のデータが取れないから、わざと見逃されたものである。

これぞ、究極の「知らぬが仏」である。

このことは、同じ候補地だった、新潟、広島、小倉、長崎についても言えることである。

そして、最終的に、京都が候補地からはずれたことは、ただ単に運が良かったにすぎない。次に運が良かったのは、小倉である。暗雲が上空をおおっていたために、直前になって急遽長崎に変更となったわけだから。

ともかくも、一度も空襲を受けなかった各都市の住人たちは、よそが焼野原となったことに対し、自分たちはたいへん運がいいと思っていたのではなかったか。

なかでも、京都の人たちは、空襲がなかったことを当然と考え、その理由を京都は特別だから空襲しないのだ、と勝手に思い込んでいたはずである。

だが、実際は、最悪だったのである。究極の大災難から免れたのは、たまたまであり、偶然にすぎなかった。

二章　歴史は女の涙で作られる

なぜか。

それは、男はか弱き女性の涙に弱いからである。ましてや、美女であったならば、なおのことである。

「義を見てせざるは勇なきなり」という論語の立派な句がある。が、この勇は、ずい分と無理をしなければ出てこない。あるいは、精一杯、見栄をはらなければ。

しかし、美しい女性の涙を見せられたならば、そして涙ながらに頼まれたならば、男はたとえ無理とわかっていても、それに何とかこたえようとする。ときには、猫を虎に変身させることも。

ここに出てくる四人の女性のうち、一人は我が子の助命を必死に嘆願し、二人は、亡夫の仇を討ってくれるように依頼し、最後の一人は、もうすぐ処刑されることを告白したのであった。

ただそれだけのことが、世の中を大きく変えたのである。

あえて補足するならば、彼女たちは、決して魔性の女ではないということである。

ひとり目は、平安時代末期、京で千人の美女の中から一番に選ばれたという、常盤御前《ときわごぜん》である。

どうして、平家は滅びたのか。それは平家がおごったからではなく、ある男のせいである。

そう、源義経である。

彼の存在なくして、平家の滅亡は語れない。もし彼が赤子のとき処刑されていたならば、歴史はまったく別なものとなっていた。

そして、彼の命を救った者こそ、母である常盤御前であった。

平治の乱の敗戦で、彼女の夫である源義朝は逃げる途中に討たれてしまい、彼女は京で誰も頼る者もいない天涯孤独の身となった。ただ、乳呑み子だった牛若丸をはじめ三人の男の子がいたわけだが、彼らは生きる支えとはなっても、頼りにはならなかった。

彼女は、京から母の許へ逃げようと途中まで来たとき、母が平家による残党刈りに捕えられたと知った。まさに万事休す、である。

彼女は三人の子を道連れにして、夫の後を追おうと一時は決意したものの、母のことを考え、自首することにした。所謂《いわゆる》、「窮鳥懐に入れば、猟師これを殺さず」に賭けたのである。

このままでは野垂れ死にするだけなのだから。と、言うか、他に彼女や子供たちが生き残る道はなかった。

平家一門の棟梁、平清盛は、源氏の関係者は捕え次第、全員処刑するつもりだった。いわんや、源義朝の妻と子どもたちである。

ところが、である。常盤御前を一目見るなり、清盛の気持ちがガラッと変わったのである。

おそらく、聞きしにまさる美しさだったのか、それとも清盛のド真ん中のタイプの女性だったかはともかく、彼女を亡き者とするのが惜しくなったのだ。

が、それでも、子供たちを処分することは変えなかった。

これに対し、心身ともにやつれきっていた彼女は、清盛に対し、自分はどうなってもかまわないが、子供たちの命だけは助けてほしいと、涙ながらに必死に嘆願したのである。

もし子供たちが死ぬことになったら、自分は生きていく支えを失ってしまう。そうなれば、自分も死ぬ、と。

清盛は迷ったにちがいない。なぜなら、子供たちを生かしておいたならば、成長したあかつきには父の仇討ちをされる恐れがあった。が、そうは言っても、今ここで彼女を失うのは、我が人生の大損失である、と。

悩んだ末、清盛は、将来の不安よりも、今、目の前にいる美女を選んだ。「明日の百より、今日の五十」という。これは利益のことであるが、逆もまたある。あるかどうかわからない将来の災難に備えるより、確実な今を楽しもう、みたいな。

つまり、彼女の、自分はどうなってもいいという言葉に清盛は乗っかったのだ。「据え膳食わぬは男の恥」ともいう。ただ、同じ据え膳でも、美人局《つつもたせ》などのハニートラップがあるから、用心しなければならないが。

彼女のやつれた姿と子供たちの身を案じて流す涙は、それほどまでに清盛の心を揺さぶらずにはおかなかった、ということである。

かくして、三人の子供たちの命は助けられたわけである。

が、ここでもうひとつ重要なことがある。それは、源義朝の嫡子《ちゃくし》、頼朝のことである。常盤御前の三人の子を助けておいて、頼朝を殺すわけにはいかなくなったのである。

かねて言われたことは、清盛の義母、池禅尼《いけのぜんに》が、頼朝の助命を懇願したから、頼朝は助かったのだと。

それも少しはあったかもしれないが、すべては常盤御前である。老婆の万言より、美女の涙である。

ただ、その代償として、彼女は清盛の想い人となった。そして、女の子を産んだ。

その後、清盛に飽きられたのか、さる貴族に、まるで払い下げられるかのように再嫁して、男の子を産んだ。そして、義経よりも長く生きた。


二人目は、戦国時代、美作国《みまさか》（現在の岡山県北部）の高田城主、三浦貞勝の妻室、おふくである。夫の貞勝は、備中国の三村家親によって高田城を攻め落とされ、逃れた先で追手に捕まり、自刃した。

このとき、おふくは夫とは別の道から逃げたため、命拾いをしたのであるが、文字通り、路頭に迷ったのだった。

このとき、彼女に付添っていた家臣の進言によって、逃げ込んだ先の備前国の宇喜多直家を頼ることにしたのである。

その目的は二つ。ひとつは、三浦家の再興。二つは、亡き夫である三浦貞勝の仇を討ってもらうこと、であった。

おふくは、そんなことを直家が聞き入れてくれるか不安であったが、家臣が熱心に直家を頼ることをすすめたので、承知した。

家臣には、直家が必ずや願い事を聞いてくれるという確信があった。

と言うのも、おふくは隣国にも隠れなき、美貌の女性だったからである。美作の華とも謳われていた。

直家の喜ぶまいことか。直ちに、家来たちを迎えにやらせたのである。

ただ、直家は、備前の蝮《まむし》と呼ばれるほど、腹黒く、油断のならない男であった。とても、一筋縄ではいかないと思われた。

しかし、そうであったからこそ、おふくは必死で亡夫の仇を討って、恨みを晴らしてくれるよう、涙を流して訴えたのである。

そして、最後に、望みが叶ったあかつきには、私の身を捧げます、と言ったのだった。

では、もし叶わなかったときはどうなさるおつもりか、と問われて、おふくは、きっぱりと断言した。

「死にます！」

直家は、しばしぼう然となった。なぜなら、宇喜多家の最大動員兵力が五千なのに対して、三村氏は備中国をほぼ統一し、その動員兵力は軽く一万五千は下らなかったからである。

直家はおふくの顔と西の空を交互に何度も見た。

西の隣国の三村氏とは、近い将来、必ず戦わなければならない相手ではあった。だが、今はまだその時ではなかった。

とは言うものの、今この場で、自分の目の前で名花を見す見す枯らしていいものか。

いや、一人の女のために、これまで築いてきたものをすべて失うことになるかもしれない賭けに、あえて打って出ていいものか。直家は悩みに悩んだ。

と、その時、おふくの目から涙があふれ出たのだった。

それを目の当たりにした直家は、もういけなかった。さまざまな利害や打算がいっぺんで吹っ飛んだのである。

「わかりました。命に換えましても」

直家が備前で蝮と恐れられているわけは、その手口が毒殺、誘殺などの謀殺ばかりだったからである。弟の忠家でさえ、兄と二人でいるとき、極度に緊張すると言うのだった。

直家の腹は決まった。三村軍と直接戦うのではなく、三村家親ひとりを始末すればいいわけである。そうすれば、おふくの願いが叶い、おふくを自分のものにできる……。直家には心当たりがあったのだ。

彼の家臣に遠藤兄弟という鉄砲の名手がいた。備中の住人だった者たちで、三村家親の顔を知っていた。彼は二人を呼んだ。

「よいか。近いうちに、ひとりの男を始末してもらいたいが、できるか」

「お安い御用です。して相手は？」

「三村家親だ」

「…………」

兄弟はお互いの顔を見合わせた。まさか、相手がそんな大物だとは……。

「もし、仕留めたなら、望みのものを叶えてやるぞ」

「承知しました。ただ、早くとは約束しかねます。相手が相手ですので、少しばかり長くかかるかもしれません。それで、よろしいのなら……」

「わかった。吉報を待っておるぞ」

二ヶ月後、兄弟は、三村軍の陣営となっていたとあるお堂で三村家親がたまたま一人になったところを見計らいズドンとやって、みごと暗殺に成功したのだった。

約束を果たした直家は、おふくを妻に迎え入れた。

すると、今度は、父を殺された子の三村元親が、仇討ちの軍を起こし、宇喜多との全面戦争となった。

弔い合戦と称する三村軍は二万もの兵を動員して必勝を期し、国境を越えて一路、備前国へとなだれ込んだ。

一方、これを迎え撃つ宇喜多軍は、五千。

両軍の主力は明善寺城《みょうぜんじ》付近で激突し、宇喜多軍が勝利した。

数に勝る三村軍の敗因は、二万の兵を三つに分けたことで、宇喜多軍に各個撃破されたことによる。それと、弔い合戦を本気で考えた兵士が少なかったため、戦意が低かったのである。

敗れはしたものの、元親の宇喜多を憎むこと数倍になり、父の仇から、不倶戴天の敵となったのである。

が、そこへ突然、毛利氏から、宇喜多と和議を結ぶよう命令が下ってきたのであった。

当然のこと、元親は断固拒否した。和議を結ぶくらいなら、死んだ方がましだ、と。

しかし、毛利家あっての三村氏だったために、命令に服さないことは、即滅亡を意味した。

結局、元親は、家の存続のためと、泣く泣く命令にしたがったのだった。

そんな時である。元親に悪魔がささやいたのは。すなわち、織田信長が誘いをかけて来たのだ。

当時、織田と毛利は表では友好関係にあったが、裏で織田は、山中鹿之助ら尼子遺臣軍を使って、山陰地方の毛利方の内部かく乱を積極的に行なっていたのである。それで今度は、三村氏を使って、山陽地方でも仕掛けようと策したのだった。

つまりは、前哨戦である。

不倶戴天の敵と屈辱的な和議を心にもなく結ばされ、失意の底に沈んでいた元親は、一もなくこの誘いに乗ったのだった。いざというときは、織田軍が助けてくれることを信じて。

が、織田としては、毛利内部をかく乱するために、ちょっと甘言でもって釣っただけだった。味方になれば、後で備前と美作の二ヶ国を与える、くらいなことは言ったであろう。

毛利としても、三村が裏切ることは半ば想定内のことだった。であればこそ、昨日までの敵であった宇喜多と結んだのである。

備中の三村と備前の宇喜多を天秤にかけて、どちらを取るか思案した末、宇喜多を取った最大の理由は、明善寺合戦にあった。それと、来《きた》るべき織田との決戦を想定した場合、備前国は絶対に押さえておきたいところだった。

こうして、昨日までの味方だった三村氏は毛利から見放されたのである。

三村元親が、公然と反旗を翻すと、毛利軍は予定の行動とばかりに、直ちに備中国へ攻め入った。そして、またたく間に、三村氏の本城である松山城以外の支城をすべて落とした。

元親は、織田へ救援を求める使者を何度も送ったが、孤立無援のまま、織田氏から見捨てられた三村氏は滅亡した。

織田軍（秀吉）が本格的に山陽地方にやって来るのは、それから二年五ヶ月後のことである。


三村氏は自爆する形で滅んだが、宇喜多氏もしかし、安閑としてはいられなかった。現実問題として、織田軍が攻めて来たならば、真っ先にその矢面に立たされることは火を見るより明らかだったからである。

つまり、おふくを手に入れた代償はとてつもなく大きかったわけである。だが、幸せだった。男の子が産まれ、後継者を得たのである。

そしてついに織田軍がやって来た。その初戦で、宇喜多軍はあっさりと負けてしまった。予想していた以上に強かったのだ。織田軍の大将は、羽柴秀吉と知った。

その後、織田軍と毛利軍との間で、上月城をめぐって一進一退の攻防が続いた。

直家は、敵将の秀吉の力量を肌で直に感じた。

全軍をあげて上月城を包囲している毛利軍に対し、織田の一部将にすぎない秀吉が、堂々と渡り合っているのだ。もしこれで、織田軍の本隊が来たら……、と思ってゾッとした。

直家は、毛利から織田へ鞍替えすることに決めた。が、それは今度は、毛利軍から全面攻撃を受けることを意味した。

　それでも、このことを覚悟した上で、秀吉に賭けた。と言うのも、上月城に籠城する山中鹿之助ら尼子遺臣軍に対し、最後まで救いの手を差し伸べようと努力していた秀吉の姿を見て、味方となった自分を決して見殺しにするはずがないと信じたからである。

　上月城の尼子遺臣軍は、結局のところ見捨てられたわけだが、それは信長の命令にやむなくしたがったためと聞いた。

　直家が生まれて初めて信じた男が秀吉であったことは、彼にとって幸運だった。

　だが、信長は、直家の内通を喜ばなかった。信用していなかったのだ。それで、独断で事を運んだ秀吉を厳しく叱責した。

　直家は、毛利に対してさえやらなかった恭順の意を信長に示すために、一粒種の息子を人質として安土城へ送ったのである。

　それでもまだ、信長から信用されなかったならば、愛妻おふくをも差し出すつもりだった。それくらい、必死だった。存亡の淵に立たされていたのだから。

　信長も、一人息子を差し出した直家を、とりあえず認めた。と言うのも、毛利軍と戦うという明白な保証を必要としたからである。

　ここまで信長が用心したのには、わけがある。それは、三木城主の別所長治に続いて、有力家臣の有岡城主の荒木村重までもが毛利方に寝返っていたからだった。

　宇喜多軍は、三木城攻めで手一杯の秀吉軍の穴を埋めようと、美作の毛利方に総攻撃をかけ、幾つもの城を落としたが、かなり被害を出した。

これを知って、ようやく、信長は正式に宇喜多の内通を受け入れたのだった。

宇喜多氏が織田側についたことで、形勢は一挙に逆転した。上月城の戦い以後、有利に戦いをすすめていた毛利軍は、これ以降、一方的に守勢に立たされることとなったのである。

ところが急転直下、本能寺の変によって、織田と毛利の戦いに終止符が打たれたのであった。


織田対毛利の戦いという大河も、その源流を遡って行くと、おふくというひとりの女性が、その水源であったことがわかる。

亡夫の仇討ちという個人的な願いが、歴史を大きく動かしたのである。

その後、おふくは秀吉の側室となった。そして、秀吉が死んで、関ヶ原の戦いのあと、我が子、宇喜多秀家の八丈島送りを見送った。


三人目も、亡夫の仇討ちが関係している。ただ、彼女の場合、歴史を動かしたと言うよりは、歴史に大きな風穴を開けた、と言った方がより正確である。

仇討ちと言えば、何と言っても、忠臣蔵である。そして、大石内蔵助以下四十七士の話である。

だが、本当に仇討ちしたかった一番手は、妻室の瑤泉院《ようぜいいん》でなければならない。

出来るものならば、自分が率先して討ち入りたかったのではなかったか。立場上、それがやれないから、筆頭家老の大石に、思いのすべてを託さざるをえなかったのだ。

ところが、である。当の大石は、仇討ちなどまったくヤル気を見せず、お家再興を願い出る始末。

そしてそれがダメとなっても、京で遊興三昧の日々を送って、仇討ちなどどこ吹く風だった。

こんな体たらくを耳にするにつけ、心底怒り心頭に発していたのは、堀部安兵衛ら江戸の急進派ではなく、実は瑤泉院だったはずである。

それが、ある時を境にして、人が変わったように、大石は討ち入りに身を入れるようになった。

そのきっかけこそ、瑤泉院が涙を流しながら、大石に亡夫の仇討ちを本気でやってくれと頼み込んだからではなかったか。

また、勝手に想像をふくらませると、常盤御前やおふくがそうしたように、彼女もまた身を捧げたのではなかったか。

大石は、意気に感じたはずである。ダメ元でもいいから、討ち入ろう。彼女からそこまでされては、もう突っ走るしかない。ついさっきまで、少しは命が惜しいと思っていたが、もう何も思いのこすことはない、と。

瑤泉院と大石との最後の対面は、忠臣蔵では、「南部坂、雪の別れ」としてたいへん有名な場面であるが、フィクションだとされている。

がしかし、百パーセントフィクションではないはずである。何かそれに近いことがあったのを、脚色して劇的な場面に仕上げたものと推測される。

なぜなら、討ち入るための軍資金を用立てたのは、瑤泉院なのである。言うならば、討ち入りのプロデューサーである。

そこへ監督で総指揮の大石が訪ねて来て、明日討ち入りするから、余った金はもう必要ないと返却しに来たのが、「南部坂、雪の別れ」なのである。

したがって、二人の別れはきわめて重要な意味があったのだ。

亡き主君のためはもとより、私のために、決死の覚悟で討ち入ろうとする家臣たちに、もっともふさわしいはなむけは、私もあなたたちに続く、あなたたちだけをむざむざ死にはさせない。死ぬときは、いっしょだ、という言葉であろう。

亡君の未亡人から、それも絶世の美女（という話）からそう励まされて、大石が奮い立たなかったはずはない。事の成否は別にして、討ち入りあるのみ、だったにちがいない。

「事件の陰に、女あり」と言う。忠臣蔵は、まさにそうである。軍資金を提供した彼女の存在なくして、忠臣蔵は成り立たないのだから。

ではなぜ、彼女が忠臣蔵での出番がほとんどないのか。

それは、連座して罪に問われる可能性が高かったからである。そうなったなら、彼女の実家の三次《みよし》浅野家にも累が及ぶからである。

そのため、記録には、彼女と大石はほとんど会っていないことになっている。

と言うことは、逆に、けっこう会っていたことを証明している。

同じく、彼女が討ち入りに深くかかわったと言う記録もない。

しかし、軍資金の提供こそは、最大の貢献であったと言っても、決して過言ではない。

また、これとは別に、瑤泉院の腰元のひとりが、後に六代将軍となる家宣の側室になっているというまぎれもない事実がある。

その側室は、赤穂浪士たちの遺児たちや残された家族のために、将軍にいろいろと助言をしたという。

たったこれだけのことからも、瑤泉院の存在なくして、討ち入りはなかった、と言えるのだ。

✻

三人の女性に共通するのは、美女だったことと、仇討ちが成功したことである。

おふくは、夫の死後、わずか二ヶ月で、瑤泉院は、一年九ヶ月後に、それぞれ本懐を遂げた。

そして、常盤御前の場合は、平家が滅亡したのが、何と二十五年後のことであった。

世の中には、ムダに美しい女性がたくさんいるが、彼女たち三人の美しさは、決してムダではなかった。出来る男を動かし、歴史を変えたのだ。

ただ美しいだけでは、こうはいかなかった。彼女たちは自分のために生きたのではなく、人のために生きたのである。そこが大きなポイントであり、たいへん重要なことなのだ。

すなわち、己を捨てる覚悟があって初めて、出来る男は動くのである。

スタンダールの『パルムの僧院』に出てくるサンセベリーナ公爵夫人は、自分の身をパルム大公に投げ出すことによって、愛するファブリスを毒殺の魔の手から救うことができたのであった。

美女の自己犠牲にまさる美しさはない。

四人目は、フランス革命で危うく処刑されかけたが、彼女を愛する男の超人的な働きで、生き長らえることができた。

ただし、彼女は、慎ましい日本女性とは違って、個性の強いフランス女性であった。『風と共に去りぬ』のヒロイン、スカーレット・オハラの生きて行く執念は確かに目を見張るものがある。が、そこは所詮、架空の人物であり、具体的に彼女がやった功績というものは、何もない。

さて、これから紹介する女性は、激動のフランス革命を生き延びただけでも、すごいことであるのに、あろうことかフランス革命を終わらせたのである。

南北戦争とフランス革命では、同じ激動でもレベルの差が歴然とある。

架空の人物に感情移入して感動するのはけっこうなことだが、実在の人物にも目を向けるべきではないのか。

それはさておき、彼女の名を、フォントネ侯爵夫人と言う。が、タリアン夫人という名のほうが有名である。と言うのも、侯爵と離婚し、タリアン氏と再婚したからである。

彼女の生まれは、スペインの裕福な銀行家で、パリに移り住んだ。スペインでもそうだったが、パリでも彼女の美しさは際立っており、「昼間のパリを支配した」と言われるほどだった。

しかし、フランス革命で、パリに居づらくなり、ボルドーへ移住した。ただ、貴族の称号は犯罪者と同義だったこともあって、夫の侯爵とは離婚した。夫は外国へ亡命した。すでに夫婦仲は冷えきっていたので、彼女はせいせいした。

そんなとき、パリの公安委員会からボルドー市の全権を委任された委員が派遣されてきたのである。

彼は、反革命派の住民を、有無を言わさず次々にギロチン送りにして、恐怖政治を行なった。

彼女も、ささいなことで捕えられ、囚人の身となった。

だが、彼女は、派遣されてきた男に見覚えがあった。パリのあるサロンで会ったことを思い出して、さっそくコンタクトをとった。

彼も彼女を覚えていたのか、すぐにやって来た。

彼女は彼の前にひざまずき、助けてくれるよう、涙を流し訴えた。

革命前は平民だった彼は、それまで絶対に手の届かない雲の上の人とあきらめていた女性から救いを求められて、まさに、天にも昇る思いだった。

彼は、何のためらいもなく、釈放した。これ以後、彼女は彼の愛人となって、ボルドー市の事実上の女王となった。

と言うのも、彼女の許へ、罪を免れようと、多くの市民が嘆願しに訪れたからである。

彼女は、それなりの金品を受け取ると、全権委員の彼に、罪人の罪を軽くしてやるよう、または釈放するよう助言した。

そのため、ボルドー市では、ギロチンで処刑される人間が激減したのだった。市民たちは、彼女を女神と崇《あが》めた。

しかし、このことが、パリのロベスピエールの知るところとなって、彼は呼び戻された。

そして、まもなく、彼女もパリで収監されたのである。

彼は、彼女の身を案じて、気が狂わんばかりだった。

そんなとき、彼女から手紙が来た。そこには、明後日ギロチン送りされることになったので、お別れします、とあった。

彼にとって彼女なしの人生など考えられなかった。彼女を失うことは、すべてを失うことだった。ついさっきまで、ロベスピエールの前でしおらしい声で身の潔白を陳弁していたときの彼ではなかった。彼は死ぬことを恐れなくなっていた。猫が、虎に変身した瞬間だった。彼は、明後日の議会で、魔王と恐れられたロベスピエールと対決するという一大決心をしたのである。

そして、当日のテルミドール九日、タリアンは、議会で演説するサン・ジュストを押しのけて、演壇に立つと、短剣を自分の胸に当てて、ロベスピエールを弾劾し始めたのである。

「暴君を倒せ！　さもなければ、明日は諸君たちの誰かが必ずギロチン送りとなるのだ。暴君を倒して生き残るか、それともこのまま何もせずにギロチン送りとなるか、諸君たちはどっちを選ぶのだ！」

千丈の堤も、蟻の一穴からという。どんな強固なものでも、崩れるときは、そんなものである。

彼の一声によって、議場全体が暴君を倒せ！　の大合唱となった。

その結果、ロベスピエールは失脚し、そして死んだ。

彼の死は、そのままフランス革命の終わりを意味した。

これによって、彼女はギロチン送りとならずにすんだ。それどころか、テルミドールの聖母と呼ばれた。

彼女は、正式に彼と結婚し、タリアン夫人となった。

そうなのだ。結果的に、彼女がフランス革命を終わらせたのである。このとき、彼女は、まだ二十一歳であった。

彼女がタリアン夫人だったのは、ほんの一年間でしかなかった。瞬間的に虎となったタリアンは、すぐにまた、元の猫に戻ったのである。

彼女は、革命後の総裁政府の有力者であるバラスに近づいて、愛人となった。別の愛人のひとりが、あのジョゼフィーヌである。

このとき、ある男が、タリアン夫人に交際を求めてきた。が、背が低く、風采のあがらない彼を一目見るや、彼女は軽べつのまなざしで、あっさりと断った。これは、彼女にとって、いや、ある意味、女性にとっての最悪の選択だった。女性ほど見た目で男を判断する生き物はいない。女性に男を見る目がないのが多いのはそのためである。男の力量や実力は見た目ではわからないし、測ることはできないのである。『星の王子様』ではないが、大切なものは目で見えないものである。

確かに、「明日の百より、今日の五十」というのは、真実かもしれない。だが、明日、万から一千万になるものも世の中には存在するのである。

なるほど、今の最高実力者はバラスであった。だが、断った相手は、誰あろう、明日、億にもなる男だったのだ。そう、あのナポレオンだったのである。

なぜ、バラスの愛人だったジョゼフィーヌがナポレオン夫人となったのか。それは、ジョゼフィーヌが、彼女に敗れて、バラスから捨てられたからであった。

それはともかく、その後、彼女は、次々に男を代えながら生きて、六十一歳で死んだ。たった一年の夫婦だったにもかかわらず、現在に至るまで、彼女は、タリアン夫人と呼ばれている。

それほどまでに、テルミドールの反動が劇的であったことを意味しているし、ロベスピエールの恐怖政治がいかに恐ろしいものだったかを、改めて教えてくれる。

彼女自身、自由奔放な生き方をして、決してほめられた女性ではなかったが、その功績は、彼女の名前とともに、不滅なのである。

三章　世界の歴史を大きく変えた地域

世界史の二大事件と言えば、アメリカ独立とフランス革命である。

それまで、一般庶民は、まったく歴史にかかわることがなかった。すべて、王様か貴族であった。例外は、清教徒革命を成し遂げたクロムウェルだが、彼の身分は、準貴族とも言うべき、郷紳《きょうしん》（ジェントリー）だから、庶民ではない。

さて、アメリカの独立であるが、これを達成したのは、イギリスやアイルランドからの移民たちである。彼らは、もちろん平民だった。

すなわち、このときから、世界史に、一般人が登場したのである。これは、画期的なことである。なぜなら、身分の上下はいっさい関係なく、一般人の投票によって、国のトップが決められることになったのだから。

そして、フランス革命である。自由と平等が高らかに宣言されたのだ。

それまで、本の中でしか存在しなかったものが、現実に起きようとしていたのである。まさに革命であった。

この二大事件こそは、人類の夜明けである、と言っても過言ではない。

しかして、アメリカの独立とフランス革命の源流をたどっていくと、ヨーロッパの一地方が大きくかかわっていたのである。

つまり、この地方が、世界史上の二大事件を引き起こしたのである。

その地域とは、現在ポーランド領となっている、シュレゼンである。

十八世紀半ば、プロシア王に即位したフリードリヒ二世は、半年後にはもう、当時オーストリー帝国領だったシュレゼンへ侵攻したのであった。

なぜ、シュレゼンであったかと言えば、ここは、石炭や鉄などの鉱山業と織物工業が盛んなヨーロッパでも指折りの工業地帯だったからである。そして何よりも、プロシア国と境を接していたのだ。

人口わずか二百五十万のプロシアが今後発展していくには、是非とも領土に加えたい地域だったのである。文字通り、喉から手が出るほどほしいところだったのだ。

そして、そのきっかけとなったのが、オーストリー皇帝に、マリア・テレジアが女性として初めて即位したことであった。女に皇帝がつとまるか、とばかりに火事場泥棒よろしく、どさくさにまぎれての侵攻であった。

フリードリヒの大誤算は、マリア・テレジアをただの小娘だと、完全にあなどっていたことである。もし、彼女がか弱き女性であったならば、後のアメリカ独立はなかったかもしれないし、また少なくとも、フランス革命は、あと十年は遅くなっていたと思われる。

だがしかし、マリア・テレジアは、イギリスのエリザベス一世、ロシアのエカテリーナ女帝に劣らぬ女傑だったのである。そのため、世界史の二大事件を引き起こしたのは、ある意味、彼女だったとも言える。

このとき始まったのが、オーストリー継承戦争である。これはまた、オーストリー対フランスの戦争であると同時に、フランスとイギリスとの戦争でもあった。

結果としてプロシアは、シュレゼンを獲得し、それを確かなものとして戦争は終わったが、オーストリーのマリア・テレジアのフリードリヒへの復讐の念はすさまじく、そしてそれは、外交革命となって結実した。

なぜ、革命かと言えば、長い間お互いが不倶戴天の敵同士だったフランスとオーストリーが、同盟を結んだからだった。絶対に起こりえないことが現実のものとなったのだ。その証しとして、マリア・テレジアの末娘がフランス皇太子に嫁ぐことになった。彼女がマリー・アントワネットである。

この同盟にロシアも加わったことによって、プロシアは、南にオーストリー、西にフランス、そして東をロシアと、完全に包囲されてしまったのである。したがって、シュレゼンを得た代償は、はなはだ大きかったと言わなければならない。なぜなら、シュレゼンという小利（中利か）のため、プロシア本国という大利を失う事態に陥ったのだから。言うならば、利子のために、元本を危うくしてしまったのである。これを、「小利大損」という。

それはさておき、マリア・テレジアの復讐心に、さしものフリードリヒも、あ然となった。このままでは、本当に国が滅ぶかもしれなかったのだから。

似たようなことは、日本でもあった。戦前の外相がこのような暴言を吐いたのである。

「満州国を維持し確保するためならば、日本全土が焦土となってもかまわない」

結果は、日本全土が焦土となったばかりではなく、満州国も朝鮮国も台湾も北方領土さえ失ったのであった。

戦前に、こんなことを、シラフで堂々と答弁する外相がいたのである。したがって、他の連中も推して知るべしである、と言わなければならない。文官でさえこうなのだから、いわんや軍人においてをや、である。これでは、アメリカと戦争にならない方が奇跡だと言える。

さて、フリードリヒである。彼は敵の敵は味方の法則にしたがって、フランスの敵であるイギリスと同盟した。が、イギリスは海軍は強力でも、陸軍はそうではなかった。それでも、戦費の提供を約束してくれたのは心強かった。

かくして、先手必勝とばかりに、プロシア軍は先制攻撃をかけた。終戦まで七年かかったので、七年戦争と呼ばれる。

戦況は一進一退だったが、三大国を敵に回して戦っているプロシア軍が絶対的に不利だった。それでも、後にナポレオンが絶賛するほどの軍事的天才ぶりを発揮したフリードリヒによって、辛うじて戦線を維持できていた。

だが、七年戦争も後半ともなると苦戦の連続で、首都ベルリンでさえが風前の灯状態となったり、フリードリヒ自身が、いざというときのための毒薬を何度も口にしようとしたほどである。

はたして、このような最悪な事態に陥るとわかっていたならば、シュレゼンには手をつけなかったであろうか。それとも、シュレゼンはそれに値するほどの地域だったのだろうか。

それはさておき、長い歴史のなかで、逆境のとき、ごくたまにすごい幸運が舞い込むことがある。日本では、これを「神風」と呼んでいる。

まさに、このとき、フリードリヒに、そんな神風が吹いたのである。それは、ロシアの皇帝が代変わりしたことである。と言うのも、新しい皇帝は、フリードリヒの大ファンだったのだ。即位した彼が最初にやったのは、プロシアとの同盟であった。

これによって、フリードリヒは、絶体絶命の危機を乗り切ることができた。もし、これが、一ヶ月、いや二週間遅かったとしたら、プロシアが滅亡したことはまちがいない。そして、後に大王の称号を得るどころか、国を滅ぼした君主として、ドイツ民族の恥さらしと非難され続けたであろう。と同時に、二度の世界大戦は起こらなかった可能性は高い。

かくして、講和条約が結ばれ、プロシアはシュレゼンの領有を絶対的なものとすることに成功した（だが、第二次世界大戦後、ドイツはシュレゼンを失った）。

似たような状況は、第一次世界大戦でも起こった。それは、ロシア革命によって、ロシアが戦争から脱落したことである。ただ、このときのドイツは、フリードリヒのように、連合国と講和しなかったのである。講和しておれば、第二次世界大戦は起こらなかったかもしれない。なぜなら、少なくとも、ヒトラーが政権を握ることはなかったであろうから。

なぜ講和しなかったかと言えば、このとき軍の事実上のトップにいたルーデンドルフは、ロシアの脱落で東部戦線の兵を西部戦線へ移動させて総攻撃をかければ戦争に勝てると単純に考えていたからである。彼は政治家ではなく、まして外交官でもない、戦争しか頭にないただの軍人だった。

これが、ドイツの悲劇であり、ひいては世界の悲劇となった。

ところで、ヨーロッパの七年戦争は、海外では、フレンチ・インディアン戦争というイギリスとフランスの間で戦争が行なわれていた。戦場は、主にアメリカであった。

ヨーロッパでは痛み分けに終わったが、フレンチ・インディアン戦争は、イギリスの圧勝だった。

しかし、負けたフランスはもちろんのこと、勝ったイギリスにも深刻なダメージが残った。

これが、後に、イギリスにはアメリカ独立を、そしてフランスには革命をもたらすことになるのであった。

すなわち、イギリスは、戦争による財政悪化をアメリカ植民地に対してさまざまな税金を課すことで補てんしようとしたのであり、同じくフランスも、貴族や僧侶からも税金を取ろうとしたわけである。

その結果、独立戦争となって、アメリカが独立し、課税に抗議した貴族や僧侶たちに猛反発した一般市民が立ち上がって、バスチーユ牢獄を襲撃したのであった。

すなわち、世界史の二大事件は、二つともシュレゼンがその火元だったわけである。

四章　何事も学ばず、何事も忘れず

この名文句は、フランス革命の荒波を乗り切っただけではなく、ナポレオンの帝政下で長く外相を務めたタレーランが、ナポレオン失脚後の王政復古で亡命先から帰国した貴族たちのことを評したものである。

すなわち、彼らは、フランス革命やナポレオン帝政下で世の中ががらりと変わり、一般庶民に自由と平等の思想が広まっていることなどまったくなかったかのように、かつての生活や考えのまま戻って来たということを、この短い句で言い表したものである。おそらく、彼らにあっては、フランス革命もナポレオン帝政も、一瞬の天災くらいにしか感じていなかったのだろう。

フランス革命前まで甘い汁を吸い続けた貴族たちは、亡命先でたいへん苦労したはずであるのに、人間としてまったく変わっていないというのは、根っからダメ人間だったということ以外の何物でもない。

つまり、彼らは、何事も学ばず、何事も忘れなかったのではなく、言うならば、彼らの辞書には、もともと学ぶという文字が欠落していたのである。それは、とりもなおさず、彼らがノーテンキな人間だったことを証明している。

そして、これこそが、人間の真の幸福な姿なのである。そう、ダメな人間は幸福なのである。または、幸せが人間をダメにする、とも言うことができる。その点、幸せは、出世に似ている。

なぜ、歴史が繰り返されるかと言えば、人間の本質がこの句そのままだからである。さらにその上、これでつまらん人間であったならば、なおのことである。

「古き良き時代」という。が、これなど、何事も忘れず、を象徴している言葉である。もし本当にそうであるのならば、過去に悪い時代はひとつもなかったことになるわけで、そんなことは絶対にありえない。

古き良き時代とは、若かったときは、あらゆる可能性に満ちあふれ、夢多き時代だった、ということをただ懐かしんでいるにすぎない。なぜなら、そこには若いときの苦悩や片想いの苦しさ、自分は何のために生まれて何をやろうとしているか、という将来への不安などがすっぽりと抜け落ちているからである。

つまり、良かったことはしっかり忘れていなくて、悪かったことからは何も学んでいないわけである。なぜなら、人間にかぎらず動物は、失敗からしか学べないからである。

なのに、どうして失敗からも、人間は学ばないのか。

それは、失敗が失敗だとわからないことと、失敗と認めることを頑なに拒否するからである。

いくらわからない人間であっても、それが二度、三度と続けば、さすがにどんな人間でも失敗だと気がつくはずである。

が、問題なのは、自分が失敗したことを決して認めない人間である。なぜ認めないか。それは、自分が失敗したから失敗したのではなく、誰か他の人間や何かのせいで失敗したのだと主張したいのである。または、運が悪かったから、などと。

その根底にあるのは、自分は絶対に悪くないし、間違ってはいない、悪いのはすべて他の人間だ、とする単なる身勝手さである。

「宥和《ゆうわ》政策」――イギリス首相チェンバレンとフランス首相ダラディエが、ドイツのヒトラーに譲歩することで戦争をひとまず回避したミュンヘン会談のことである。世界外交史上、もっとも愚劣な政策と言われる。

会議から帰国した二人は、それぞれ国民から熱烈な歓迎を受けたのであるが、チェンバレンはともかく、ダラディエの方は、猛烈な批判にさらされることを覚悟していただけに、意外な感に打たれたのだった。それほどまでに、両国民は戦争を忌避していたのである。

だが、実際は、この宥和政策によって、ヒトラーをますますつけあがらせる結果となり、ついには第二次世界大戦となるのであった。

つまり、結果論から愚劣な政策だったと決めつけられたのである。当時のイギリスとフランスの国民は諸手を上げて賞賛し圧倒的に支持していたにもかかわらず、である。

では、宥和政策がなぜ当時の世論と後世の評価に天と地ほどの差があるのか。

それは、第一次世界大戦のキズアトが、イギリスとフランス、特にフランスに色濃く、より深く刻まれていたからに他ならない。いわゆる、トラウマである。

このことを抜きにして、宥和政策は語れないのだが、そして何よりも平和は大事なのであるが、それでも識者は、愚劣な政策だったと断言してはばからない。

イギリス、フランス両国民は、もう戦争はこりごりだという絶対的な固定観念があったのに対し、ドイツにはそれがほとんどなかった。なぜなら、第一次世界大戦では、勝てはしなかったが、決して負けてはいなかったからである。にもかかわらず、過酷とも言える賠償を課せられたのである。そのため、ドイツ国民には、復讐心はあっても、非戦はなかったのである。そして、そんな国民意識をうまくすくい上げたのが、ヒトラーだった。したがって、当時のそんなドイツの国民感情なくしては、ヒトラーの台頭はなかったと言える。

さて、フランスである。フランスは、ドイツのそんな情況を肌で感じていた。であればこそ、フランスはその抑止力として、ドイツとの国境にぼう大な軍事予算をつぎ込んで、マジノラインという要塞を築いたのである。マジノラインの存在によって、ドイツが攻撃して来ないのなら、安いものだ、という発想だった。そうなのだ。平和を維持することはけっこう高くつくものなのである。だから軍事予算は決してムダではないのである。

ところが、である。平和を希求したはずの宥和政策が、かえって戦争の呼び水となったように、鉄壁の守りと自負していたマジノラインは、ドイツ軍の攻撃の前に、結果的にまったくの無力だったのである。

ならば、どうして役立たずの要塞を造ったかと言うと、それは第一次世界大戦におけるベルダン要塞攻防戦で、ドイツ軍の猛攻をしのぎきったという成功体験があったからである。

ベルダン要塞へと続く補給路は、栄光への道、とまで呼ばれるほど、フランスにとってのベルダン要塞は、第一次世界大戦の勝利の象徴だったのである。

つまり、マジノラインには、その夢をもう一度、という切なる願いがこめられていたのであった。

このことを、何も忘れていない愚かな防禦策だと一笑に付すことは、日本人には許されない。なぜなら、日本海軍は、日本海海戦での大勝利を再現することをずっと夢見てきたからである。

それで、日本の連合艦隊がどうなったかと言えば、マジノラインが壮大なムダとなったように、アメリカ艦隊から一方的に沈められ、残ったのは航空隊と潜水艦だけとなってしまい、事実上壊滅したのである。

このように、忘れないのは簡単だが、学ぶのはむずかしいのである。

✻

「夢よ、もう一度」と言えば、ドイツ皇帝のカイザーである。

彼は第一次世界大戦の敗戦直後に、石もて追われるようにオランダに亡命した。

そのとき、彼は捨てゼリフを残して、祖国を後にしたのである。

「民衆が皇帝である私を裏切り、こんな仕打ちをするなど、世界史上類がない。神の恐ろしい罰がドイツに下るであろう」

彼がいかに頭が悪くて古臭く、しかも、無教養な上に無思慮であったかが、これからよおくわかる。

清教徒革命で首を斧で打ち落とされたイギリスのチャールズ一世、フランス革命でギロチンによって首を切り落とされたルイ十六世という先例があり、また、命を取られなかったにもかかわらず、彼は、ドイツ国民をこのように一方的に呪詛したのである。

こんなつまらん奴がドイツの皇帝だったのだ。これだけで、第一次世界大戦が起こった原因として十分ではないか。と言うのも、彼の言動がことごとく、第一次世界大戦の布石、伏線となったわけだから。

さて、夢よ、もう一度であるが、そのきっかけを作ったのは、誰あろう、あのヒトラーであった。

ドイツ軍がオランダを降伏させたとき、カイザーはヒトラーに次のような祝電を打ったのである。

「朕は、貴殿に敬意を表する。そして、貴殿のすぐれた指導力のもと、私を皇帝に復位させることを願うものである」

これには、さすがのヒトラーもあ然としてしばらく言葉も出なかったという。

何事も学ばず、何事も忘れず、という世界史的な名文句を当てはめることさえはばかれるほどの愚かさである。すなわち、彼はそれ以前の人間だったのである。

人間というものは、どこまで愚かであり続けられるのか。その限界に挑戦したのが、カイザーことウィルヘルム二世だったと言わなければならない。

ある人が以前言った言葉がある。

「歴史は勝者が作るのではない。それは、愚者である。なぜなら、英雄や偉人も、一皮むけば、愚人なのであるから。そう、ある意味、彼らも我々と同じなのだ」

＊

第二次世界大戦で、アメリカの戦略爆撃によって、ドイツと日本は国土が焦土と化し、軍需工場は壊滅し、国民生活は破壊されて、降伏を余儀なくされた。

陸戦は言うに及ばず、海戦もまた制空権を握った方が圧倒的に有利だったがゆえに、これからの戦争は、空軍と空母機動部隊さえあれば、陸軍部隊は必要ない、とまでアメリカでは言われたものだった。

これは、第二次世界大戦の成功体験から学んだことで、それはちょうど、第一次世界大戦のベルダン要塞戦からしっかり学んで、マジノラインを造ったのと同じである。

ところが、である。第二次世界大戦でマジノラインがまったく役立たずであったように、朝鮮戦争、ベトナム戦争において空軍は、期待されたほどの活躍はできず、戦況にはあまり影響を与えなかった。

なぜなら、朝鮮半島は山岳地帯が多く、ベトナムにいたってはほとんどがジャングルだったからである。つまり、爆撃の目標となるものが、ドイツや日本と違って、極端に少なかったのである。しかも、敵の陸軍部隊の移動が夜間に集中したことで、その動向がさっぱりわからなかったため、空軍は宝の持ち腐れとなる始末だった。

結局は、陸軍部隊の戦闘によって、朝鮮戦争は引き分けたものの、ベトナム戦争は敗れたのだった。

第二次世界大戦からしっかり学んだつもりだったが、実は、ただ単に、成功体験を忘れていなかっただけのことだったのである。

にもかかわらず、ベトナム戦争では、しつこく北爆を続けたのだった。つまり、米軍もまた何も学んでいなかったわけである。

人間は、成功体験をいつまでも忘れないことによって、あるいはしがみつくことで、学ぶことを放棄する生き物のようである。

二匹目のどじょうは、そうはいないものである。と言うより、一匹目のどじょうを捕えたことはものすごく幸運だったのである。それに、やられる側も、二度も三度も同じ手は食わないものである。

✽

第二次世界大戦がらみで、アメリカが学んだことは、他に、初めにあげた宥和政策がある。イギリスとフランスがドイツに譲歩したことが、かえってドイツを増長させただけに終わったことを教訓にして、以後、アメリカは、絶対に譲歩しなくなった。

そして運悪くその最初の標的となったのが、日本だった。

日米協議において、アメリカは終始強気で、日本に一方的に譲歩を迫った。それを象徴するのが、日本が絶対に呑めないと言われた、ハルノートである。

言うならば、イギリスとフランスは譲歩することで戦争を呼び込み、アメリカは譲歩を強く迫ったために、日本に戦争を決断させたわけである。

学ぶことはとても大事なことであるが、時には、学ばないことも必要のようである。

同様のことは、最近でもあった。それが、韓国の北朝鮮に対する太陽政策である。対決よりも宥和によって、要は経済援助によって北朝鮮が歩み寄ってくれることを期待した、イソップ寓話の『北風と太陽』にちなんで名付けられた政策だった。

だが、結果は、北朝鮮が一方的に恩恵を享受しただけで終わってしまった。

なぜ、こうなったかと言えば、イギリス、フランス、ドイツと違って、同じ朝鮮民族同士なのだから、きっとわかってくれる、という過度の期待や甘えがあったからである。同じ宥和政策でも、あのときとはまったく違うのだ、と。

だが、期待とは、所詮、水蒸気のごとき気体でしかなく、甘えは、ただ考えの甘さにすぎなかった。

たとえ学んだとしても、いや自分は先人たちとは違う、と思っていたならば、学ばないのと同じことなのである。

＊

何事も学ばず、何事も忘れずには、それぞれに程度の差があるものだが、およそ三百年もの長い間忘れずにいたことが、日本にはあった。それは何かと言えば、軍備である。

黒船来航で、当時の武士たちは、あわてて鎧甲や槍などを質屋から請け戻し、海岸警備についたのだが、黒船の乗組員たちから見たら、まるでおもちゃの兵隊に見えたことだろう。何しろ戦国時代の軍装と武具が、三百年の時を経てタイムスリップして目の前に現れたのである。

それはまだいい。なぜなら、幕府軍の長州征伐では、まさに戦国合戦を再現してみせたのだから。

これでは、西洋の散兵戦術を取り入れ、近代的な軍隊となった奇兵隊にかなうはずがなかったのである。

三百年もの長きに渡って、何事も学ばず、そして忘れなかった日本は、これはこれである意味、たいへん貴重なことだと言うことができる。

と言うのも、このこと自体、不可能なくらいむずかしいからである。

だが、三百年もの間、眠っていた日本は、その間の遅れを一気に取り戻すために、ずい分と無理なことや無茶をやらなければならなかった。そして、そのツケをまとめて一挙に払わされたのが、太平洋戦争での敗戦であった。

江戸時代の三百年の平和はもちろんすばらしいことにはちがいない。しかしかえってそのことによって、幕末から明治維新後ずっと、日本は戦争に次ぐ戦争をやらざるをえない事態に陥ったことも、また事実である。

それはつまり、長い太平の世が戦争を準備した、ということを意味している。

そして、平和とは、戦争があってそれが終わることによって、初めてもたらされるものだ、と。してみると、戦争と平和は、二つでひとつなわけで、それぞれは単独では存在できないということである。

それは、ちょうど冬と春の関係に似ている。なぜなら、冬が寒く辛く長ければ長いほど春の訪れは待ち遠しく、その到来は、この上なく嬉しいものとなるからである。もしこれが暖冬だったとしたら、春が来てもそれほど感動することはない。つまり、春が春であるためには、冬が、それも厳しい冬が不可欠なのである。

宥和政策が結果的に失敗したことを戒めとするために、ミュンヘンを忘れるな！　という合言葉が生まれた。

これは、ドイツがチェコスロバキアのズデーテン地方の割譲を要求したことで、戦争になるのではとヨーロッパ中を不安に陥れたことがきっかけだった。そこで、大戦を二度と繰り返さないよう極力それを回避するためにミュンヘンで会談を開き、そして、イギリスとフランスがチェコにその要求を呑むよう調停し、ひとまず戦争の芽を摘んだのだった。ところが、それから半年後に、ドイツはチェコを解体し、併合してしまった。つまり、会談の成果がまったく無に帰したのである。それで、この屈辱をしっかりときざみつけるべく、この合言葉が生まれたのである。

✼

すると、その一ヶ月後に今度は、ドイツは、自由都市となっていたダンチヒを含むポーランド回廊を要求したのだった。

当然、イギリスとフランスの国民は激高した。一転して、戦争も辞せず、と。

これに対し、ドイツから発せられたのが、次の言葉だった。

「(ドイツを倒せと怒っているイギリスとフランスの若者たちよ、君たちは) ダンチヒのために死ねるのか！」

言うなれば、よその国の土地のために戦うことに、どんな大義があるのか、という意味である。

さすがに、プロパガンダに力を入れたナチスである。

結局、両国の国民は怒りを収めて、黙認したのだった。言われてみればその通りで、自分とは何の利害関係もないことに、命を懸けてまでかかわるほどではなかったのだ。口先で正義を主張はしても、主張する通りのことを実行に移す者はまずいない。

だが、現実にいたのである。それが、ベトナム戦争での徴兵を断固として拒否した、ボクシングヘビー級王者のモハメド・アリである。彼は、国と国民を敵に回してまで、自分の正義を貫いたのだった。

彼が長くアメリカでたいへん尊敬されていたのは、たったひとりで国家と闘い続けたことによる。

ダメなことはダメであると言い続けることは想像以上にむずかしいものである。

✻

ところで、徹底して学ばず、それどころか、過去の成功体験を絶対に忘れなかったと言うか、石にかじりついてもそれにしがみついていた組織が日本にあった。

言うまでもなく、日本海軍である。別名、善玉海軍と言われることもあるが、善玉はたいてい頭が悪いと相場が決まっている。悪玉のように、悪知恵が働かないからである。

それはさておき、信念や考えがまったくブレない人は、ただそれだけで偉いと賞賛されている。確かに、すごいことだとは思う。がしかし、これって、「コケの一念」と言うのではないのか。つまり、迷わないのは、強い心を持っているからと言うよりは、頭が悪いからで、それ以外に選択の余地がないから、たまたまそうなった、という結果にすぎないのだ。

第一次世界大戦で、世界一の海軍艦隊を擁するイギリスが、ドイツのUボートによる通商破壊作戦によって、降伏の二歩手前まで追いつめられたという厳然たる事実から、日本海軍はまったく学ばなかったのである。

同じ島国なわけだから、他山の石であったはずなのに、艦隊決戦のユトランド沖海戦ばかりを注視し、他は無視を決め込んだ。

なぜイギリスが、輸送船を護衛するための駆逐艦を派遣してくれと日本に要請したか、さえも一顧だにしなかったのだ。それこそが、島国であるイギリスの生命線だったからなのだが。

そして、日本海軍がそのことをいやと言うほど思い知ることになるのは、太平洋戦争も後半になってからだった。すなわち、アメリカの潜水艦によって、兵員や石油などを運ぶ輸送船が片っ端から撃沈され続けたことによる。

他にも、太平洋戦争緒戦の真珠湾攻撃とマレー沖海戦で、戦艦と言えども、飛行機によって容易に沈められることが実証されたにもかかわらず、戦艦第一の大艦巨砲主義はまったくブレることがなかったのである。

言うならば、ブレないことは、何も考えないことであって、学ぶ以前の問題だったわけである。

「ダメなものはダメ」――かつて、日本社会党（現在の社民党）は政府の消費税導入に対して、このスローガンによって参議院選挙を大勝したことがあった。その結果を、社会党の委員長は、「山が動いた」と評した。

そいでもって、社会党がその後どうなったかと言えば、辛うじて政党の体を為している状態にまで落ちぶれてしまった。

世の中、ダメなものはダメが通用するものならば、誰も苦労はしないし、そもそも警察はいらないわけだ。結局、消費税は導入され、ダメなものでもＯＫとなってしまった。

もっとも、社会党凋落の最大の要因は、不倶戴天の敵ともいうべき自民党と連立内閣を組み、首相を出したことにある。

権力という禁断の木の実を目の前にして、彼らの今まで決してブレることのなかった自民党のすることにはすべて反対だ、という信念はあっけなく崩れ落ちたのである。

つまり、社会党は、長い間培ってきたその存在理由を、自らの手でハカイしたがゆえにダメになってしまったのだ。

✽

才能に恵まれたごく一部の人たちにとってみれば、ダメなものはダメ、ということはまずありえない。なぜなら、ダメなものでも、その才能によって、ダメでなくなるからである。ダメなものを、不可能なことと言い換えると、わかりいい。

彼らは、そうやって世の中をうまく生きていくことができるわけだが、他方、そうでない一般人にしてみれば、ダメなものは、どうがんばっても、ダメであるというのが、厳然たる事実である。

一流と言われている人とそうではない一般人の差こそが、まさにこれである。

彼らにはわからないだろうが、世の中、どれほどダメなものはダメがはびこっていることか。一般人の苦労の大半がこれである、と言っても過言ではない。

と言うのも、彼らの夢は、叶えるもの、実現するものであるに反し、一般人の夢は、見るものだからである。

また、困難なことに対して、一般人は何とかなると思うが、彼らは、何とかする、である。

✽

この句は、いわゆる、原理原則論である。世界中でテロを起こしているイスラム原理主義なるものが、その象徴となっている。

これを持ち出されると、議論にならないし、話にもならない。なぜなら、絶対に妥協しない主義主張なのであるから。

「泣く子と地頭には勝てない」というのはこのことである。つまり、ただ自分を主張するばかりで何を言っても聞く耳を持たないわけだから。

✽

世の中、これを押し通すことができるならば、こんな楽な生き方はない。だが、現実はこうはいかないからこそ、警察や裁判所が必要なのである。

悪いことは絶対するな、という原理原則が守られているところは、世界中どこにもない。なぜなら、ダメ人間を淘汰したならば、人類はほとんどいなくなるだろうから。そして、ある意味、世の中は大多数のダメ人間で構成されているのだから。

✽

はっきり言って、頭の悪い人間の句である。物事を深く考えることができないから、ただ原理原則を唱えるわけである。

つまり、この句を口にする者は、自分からそのことを表明しているのである。

一般人がどんなにがんばっても、結局、ダメだった、というときのあきらめの句でもある。

✽

「やっぱり、ダメだったか……」

人事を尽くすほどの努力を重ねても、成果を得られなかった一般人の、恨みの句でもある。

そうなのだ。為せば成る、と大いに為したものの、結局、ダメなものは、ダメだった……。

✽

これは、原理原則主義に凝り固まっている人間の常套句である。

阪神淡路大震災のとき、当時の兵庫県知事や神戸市長は、自衛隊に対する出動要請を、すぐには出さなかった。自衛隊の方は、要請があれば直ちに出動できる態勢にあったと言うのに、である。

と言うのも、彼らは、自衛隊は違憲でありその存在は絶対に認められない、という確たる主義主張の持ち主だったからである。言うならば、「我喝しても、盗泉の水は飲まず」というのを信条としていたのだ。

しかし、これは、現実よりも、自分の信念を優先させたエゴイズムに他ならず、明らかな公私混同であると言っても過言ではない。本人だけの問題ならば、どうぞ勝手にお好きなようにで済むが、多くの人命にかかわる緊急事態に、市民を見殺しにするような態度をあえてとったのだ。つまり、自分の信念を曲げるくらいならば、住民がどうなろうと知ったこっちゃない、ということだったのか。

漁夫の利——第一次世界大戦の十数年前までのドイツの立場がまさにこれであった。

当時のヨーロッパは三つの陣営に別れて、相争っていた。

ドイツを盟主とする三国同盟と、フランスとロシアの露仏同盟、それから栄光ある孤立のイギリスである。

イギリスとロシアは、世界各地で激しく対立しており、またイギリスとフランスは宿敵同士であった。

ところで、ドイツとイギリスは友好的関係にあって、一時は、英独同盟の話があったほどだった。

また、対立しているロシアの皇帝とドイツのカイザーはいとこ同士で、個人的に仲が良かった。

すなわち、当時のドイツは、イギリスとロシア、イギリスとフランスの対立の局外にあって、これ以上もない絶好の位置を占めていたのだった。

それが一転して絶対的に不利となったのである。そのきっかけは、日露戦争だった。

ロシアが負けたことで、露仏同盟が弱体化したため、フランスはイギリスに接近した。一方、イギリスもまた、ドイツが海軍力を急激に増強していることに脅威を覚え、ここにいたってついに栄光ある孤立をやめ、日本に続いてフランスと協商という形で同盟を結んだのだった。

かくして、つい最近まで絶対的に優位な立場にあったドイツは、そのことにあぐらをかいて無為無策でいたため、ふっと気がついたら、ヨーロッパで唯一の同盟国は、老大国のオーストリーハンガリー帝国だけとなって、事実上、孤立してしまったのである（三国同盟のもう一国、イタリアは数のうちには入らない）。

ただし、イギリスが露仏同盟側へ走った責任は、ドイツ皇帝のカイザーにある。言わば、彼自身の自由奔放な言動の報いを受けたものであった。

それは、絶対的に優位であったがゆえに、傲慢となっていたからである。会談するにも、対等ではなく、常に上から目線だったのだ。

このように、絶対的に有利な立場というものは、必ずしもそうではない場合がある。

第一次世界大戦での日本もまた、まさに絵に描いたような漁夫の利を得るまたとない立場にあった。

それで、日本が何をやったかと言うと、中国に過酷とも言うべき対華二十一ヶ条を要求したのである。それも、もし受け入れなければ、宣戦布告をする、という強圧的なものだった。言うならば、どさくさにまぎれての火事場泥棒である。しかも、傍若無人ときている。先のドイツよりも、さらに傲慢な振る舞いだった。そして、これを足掛かりに、中国への介入を加速させていったのである。

が、そのあげくに、太平洋戦争となったのである。

してみると、漁夫の利は、その意味ほどの利があるどころか、逆に不利となる恐れを内包している、と言うことができる。

「玉砕と瓦全《がぜん》」――この句は、次の決意表明からきている。

「我藩一意誠意を表す。薩長の鼠輩、彼れ何物ぞ、みだりに王師の名を仮りて、我が封土を蹂躙し、以って私憤を漏らさむとす。今は是非なし、瓦全は意気ある男児の恥ずる所、公論を百年の後に俟って、玉砕せんのみ」

これは、幕末に官軍との一戦を表明したときの、越後長岡藩の家老、河井継之助の言葉である。

要は、全滅を期する覚悟で戦うぞ、と言いたいのである。そして、全滅ではなく、玉砕という麗句で、自分の決意を正当化し、なおかつ美化したものである。

どう考えても、自分に酔っている文章である。

悲壮感はあるものの、それ以上に、官軍にひと泡吹かせてやる、目に物を見せてやる、といった下心が見え見えである。

河井はこの直前に、官軍と談判しているのだが、これを読むかぎり、初めからやってやろうという気がマンマンだったとしか思えない。

玉砕という句からも、このときの状況は、太平洋戦争直前の日本とよく似ている。

そして、どうなったかと言えば、越後長岡藩と日本国土は、焦土と化したのであった。

そんな日本にした軍部が国民から憎悪され続けたように、河井も郷土の人々から嫌悪された。

ところが、国民的作家の司馬遼太郎氏が、河井継之助を主人公にした「峠」を発表するや、一転して国民的なヒーローの一人となった。

ただし、やったことは、軍部も河井も同じなのに、また、玉砕、という句も共通しているのにもかかわらず、司馬氏は、軍部に対してはその愚劣さをさんざんこきおろし、罵倒し続けられたのである。その一方で、「峠」のテーマは、侍とは何であるか、そしてそれは、河井の生き様を通して、美しく滅びることだ、と司馬氏は結論づけられた。

河井個人としては確かにすばらしい生き方であり、死に方であったかもしれない。だがしかし、ならばなぜ、すべての藩士と多くの領民を巻き添えにしなければならなかったのか。そんなに美しく滅びたければ、一人で勝手に滅びれば良かったのだ。

河井は、己の信念に殉じたことで、大いに自己満足したかもしれないが、それは、身勝手な行為と言うものである。

それでも、少しは勝算があったのならまだしも、決意文からもわかるように、玉砕が前提となっている戦争に、長岡藩すべてをぶち込んだのである。

結果、河井は玉となって砕けることなく、逃げる途中で死んだのである。

これからわかることは、河井は、玉砕したあとの長岡藩のことを何も考えていなかったということである。まるで、後は野となれ山となれ、あるいは、後のことは知ったこっちゃない、かのごとくである。

こんな無責任なことはない。旧日本軍とそっくりである。にもかかわらず、司馬氏は河井のことを、男の美学の体現者として、絶賛されているのだ。

旧日本軍が悪ならば、河井も悪でなければならない。

「英雄は常に悪人である」という句は、河井のためにある言葉である。

戊辰戦争での、河井の考えは、長岡藩中立論であった。世の中、倒幕か佐幕かで大きく揺れ動いているときに、よりにもよって、中立とは、オメデタイと言うか、ノーテンキと言うか……。

河井は、世の中の動きや情勢などまったく無視し、自分の考えを世の中に押しつけようとしたとしか、他に考えられない。

諸藩に向かって、イエスかノーの返事しか聞く耳がない官軍が、そんな甘い考えを、はい、そうですかとまともに聞き入れるわけがないではないか。

それを、河井は受け入れさせるべく、官軍との会談に臨んだわけだが、結果は案の定であった。

✽

多くの識者は、官軍の大将が、わけのわからぬ若造だったから、奴のせいで北越戦争が起こったと決めつけているが、たとえ少しは話のわかる者が相手だったとしても、河井の主張は絶対に受け入れられるものではなかった。

もし、受け入れたとしたら、態度を決めかねている多くの藩がこれに同調して、追随するのは目に見えている。河井は、そんなこともわからなかったのか。

現実を無視して、自分だけの世界を描いて、それを押し通そうとした、ただ自分に酔っているだけの男の、どこが偉いのか。

本当に正しいと信じて疑っていない自分の主義主張を押し通したいのであれば、自分に同調し、共鳴する者たちと行動を起こせばいいのである。

河井には、すべての藩士や多くの領民たちを、自分の信念のために道連れにする権利はなかったはずである。

✽

瓦として一生を送るより、たとえ短くとも、玉となって華々しい生き方をして、砕けた方がいい、という意味である。

が、はっきり言って、いらぬお世話である。瓦として生きようが、玉となって砕けようが、それは本人の勝手であって、他人から指図されることではない。

そもそも、自分を玉とみなすのは、うぬぼれ以外の何物でもない。それか、自尊心が異常に発達した人間にかぎられる。

✽

なぜに、玉の方が瓦よりずっといいのか。玉は鑑賞されるだけで、物の役には立たないし、盗まれる危険が常にある。

それにひきかえ、瓦は、家を風雨から守っているのだ。

早い話が、ただの見た目にすぎないのである。これはある意味、他人から瓦と思われたくない、玉として見られたいとする、虚栄心が異常に強い人間の句である、と言うことができる。

✽

玉砕と言えば、太平洋戦争において、南方の多くの島々で全滅した日本軍のことである。

ただし、最初の玉砕は、救援することを断念した、北方のアッツ島だった。

したがって、これは、見殺しにしたことを隠蔽し、なおかつその責任を回避するために、急遽こしらえられ美化された言葉であると同時に、いさぎよく死ね、と半ば強制した句となっていて、本来の意味とはずい分とかけ離れてしまった。

✲

瓦全より玉砕、に対して、こんな逆の句もある。

「獅子として死ぬよりも、ロバとして長く生きていたい」

かなり前のドラマで、戦地に赴く息子に対して、母親がこう言った。

「卑怯者とか、臆病者だとさげすまれ、周囲からどんなに軽べつされてもいいから、どうか無事な姿で帰って来ておくれ」

人は、他人からの一瞬の賞賛を得るために生きているのではなく、たとえしょうもない人生であっても、できるかぎり少しでも長く生きていたいものなのである。

「のう、おぬし。生きることは辛いものじゃが、生きておる方がなんぼよいことか」

映画『足摺岬』で、自殺しようとした学生を助けた、お遍路のじいさんが、彼へ言ったセリフである。

よほど自尊心が強くないと、自分の死を玉砕などと美化できない。と言うか、そもそも自分の行為を美化すること自体、思い上がりもはなはだしいと言わなければならない。

こんなことを平気で言った河井は、ずい分と独善的で高慢な人間だったのだろう。であればこそ、官軍との交渉で、若造からその高慢な鼻をへし折られたため、その復讐として官軍との一戦を決めたのではなかったか。言うならば、公私混同である。

売られた喧嘩を買うのは、腕に覚えがある者にかぎられる。そして、官軍という振りかってきた火の粉を振り払うだけのものが、河井にはあった。

それが、最新兵器のガトリング銃二門の存在だった。おそらく、彼は、この銃を実戦で使いたくてウズウズしていたのではなかったか。

もし使わなかったなら、こんな高いおもちゃはないからであり、まるっきり宝の持ち腐れとなってしまうではないか。そんな事態は、自尊心が異常に強く、独善的で高慢な河井には耐えられないことだった。

官軍の若僧のせいで会談が決裂したと言うより、河井の方が威張っていたと考えられる。そしてその自信の裏付けとなったのが、ガトリング銃二門だったのだ。

官軍の方は、相手がヘイコラしてやって来ると思っていたところが、あまりに堂々としていたものだから、わけのわからない若造だけでなく、官軍の他の幹部たちもまた、大いなる反感を抱いたことは想像に難くない。

自信に満ちあふれ、人の言うことに耳を傾けず、自分のことしか考えていない人間は、相手方のことにはまったく思いをいたさないものである。

河井の持論である武装中立論が、どれほどすぐれた考えであるかは知らない。しかし、だからと言って、それを官軍がすんなり受け入れると考えたとしたら、河井はよっぽどおめでたい人間である、と言わなければならない。

六十二万石の仙台藩に対してすら強圧的だった官軍が、七万四千石の長岡藩の言い分を最初から聞くはずがなかったのだ。

河井のことを越後の竜と称するらしいが、竜は竜でも、土のつく竜ではなかったか。

戦争に関して、これは、ある町の二人の同級生の実話である。

一人は、町の他の多くの青年たちといっしょに召集されて、南方の戦場に送られた。

そして、もう一人は、生まれつき病弱だったため、徴兵を免除された。

戦争が終わったとき、町に生きて戻って来たのは、彼ひとりだった。

彼は、町中の人たちから冷ややかな目で見られた。たったひとりを除いて。

それは、兵役を免除となった、彼の同級生だった。

✽

翌日、同級生は彼を訪ねた。

彼は、町の人たちがどうして自分に冷たいのか、今ひとつ理解できなかったので、同級生に、なぜそうなのか、と聞いた。

「それは、君ひとりだけが無事に帰って来たからだ。本当に、ありがとう」

「えっ？　いったいどういうことなのだ」

「感謝している、ということだ」

「どうして、君だけが感謝するのだ」

「君は、戦争中、ぼくがどんな思いで生きてきたか、想像できまい」

「まあ、戦争に行かないで、良かったな、と戦友たちと語り合っていたが……」

「そうさ、その通りだ。町のみんなから、何で、こいつだけが戦争に行かなかったのだ、といつも白い目で見られていたのだ。

本当に病気なのか。命惜しさに、わざと体をこわしたのではないのか、などと陰口を言われていたのだ」

「そうだったのか……」

「苦しかった。辛かった。生きているのが耐えられなかった」

「………」

「こんなことになるのだったら、病気を押してでも戦場へ行った方がどれほど楽だったろうか、と毎日のように思っていた」

「………」

「そして、ようやく戦争が終わって、ぼくはほっとした。これで楽になれる、と。……ところが、どうだ。町から出征して行った者たちは、誰ひとりとして帰って来ないではないか……」

「………」

「町の人たちのぼくを見る目が、白い目から憎悪の目に変わるのがわかった。ああ、もうぼくはこれ以上生きていけない。自殺するしかないと本気で思った」

「………」

「そこへ、君がひょっこり帰って来た。……ぼくがどれほど喜んだか、君にはわかるまい」

「そう言ってくれるのは、君だけだ。こちらこそ、感謝する。ありがとう」

「いや、勘違いしてもらっては困る。君のためではなく、ぼく自身のために、嬉しかったのだ」

「それは、どういう意味なのだ」

「生きて帰ったのが、君ひとりだったから、今までぼくに向けられてきた憎悪のまなざしが、少なくとも半分は君に向かうだろうと思ったのだ。もし、ひとりも戻らなかったら、ぼくは今こうやって生きてはいない……」

九死に一生を得て復員してきた同級生は、まだ、よく状況が呑み込めていなかった。が、次の日から、彼が言ったことが事実であることを痛いほど肌でひしひしと感じたのだった。

「どうして、おまえだけが生きて帰ることができたのだ。本当は、戦争から逃げたり隠れたりしていたから生きているのではないのか」などと陰口を叩かれたのである。

彼もまた、こんな目に合うのだったら、戦死すれば良かった、と心から思ったのだった。

そして、何で、おれだけが助かったのだ、と幸運を呪い、自分を責め続ける毎日だったという。

（※ちなみに、これも延岡でのことである）

五章　歴史はタテマエで成り立っている

「歴史的文献を目にしたとき、二つのことを念頭におく必要がある。一つは、その文献に書かれたことがすべて事実とはかぎらないこと。もう一つは、その文献に書かれていないことも、現実には起きていたということ」（平成元年九月十一日付読売新聞）

「資料」――昨今、戦国時代の通説が次々に書き変えられている。

たとえば、桶狭間の戦いは、迂回奇襲攻撃ではなく、正面突破攻撃だったとか、長篠の戦いにおける、織田軍の鉄砲は三千丁ではなく一千丁であり、なおかつ鉄砲の三段撃ちはなかった、などと。

その論拠となっているのは、戦国時代の超一級史料である、太田牛一著『信長《しんちょう》公記』にそんな記述がまったくない、というものだった。

これらの説を論じた識者は、『信長公記』が絶対無二の資料であって、まるでサンクチュアリかアンタッチャブルのような絶対的資料である、という揺るがぬ信念を持っておられる。

ところが、『信長公記』そのものは、何度も改定が行なわれ、徳川の天下となったとき、徳川に不利や不都合なところは削除されたとか、されなかったとかの話さえある代物であって、一語一句揺るがすことのできないバイブル的存在では決してないのである。

したがって、『信長公記』の記述を絶対視することは、書を読みて、これをことごとく信ずれば、書なきにしかず、となる恐れがある。それに、『信長公記』に書かれていないことは、すべて作り事であると決めつけるのは、傲慢ではないか。

なぜなら、後世にまで記録されたものが残るのは、それほど重要なことがらではなかった、ということでもあるからだ。

極秘情報は、決して残らないし、残せない。必ず、処分される。あるいは、その時の権力者にとって、そんな事実はなかったことにしないと、はなはだ都合の悪いことは、必ず抹消されているものである。

そういうことを前提として史料に当たらないと、時の権力者の言っていることを全部鵜呑みにするという愚を犯すことになる。

すべての一級資料が必ずしも真実を伝えていないように、多くの二級以下の資料の大半が作り事であるとはかぎらないのである。なかには、一級資料を補足するような真実が記述されている可能性もゼロだとは言えない。

またその逆に、『信長公記』の著者である太田牛一が、あるところで筆を曲げた可能性も決してないわけではあるまい。または、書くまでもないことだとして、省略している場合も考えられる。

そもそも、歴史とは、常に勝者の側から書かれたものであって、捏造《ねつぞう》、歪曲《わいきょく》、隠蔽《いんぺい》、改竄《かいざん》、一方的な決めつけはあって当然の記述の集合体なのである。

それを、さも伝家の宝刀か葵の印籠であるかのように振りかざすのは、権威主義以外の何物でもない。

真に疑うべきは、「権威」とみなされているものである。

「忠臣蔵」――浅野内匠の妻、瑤泉院《ようぜいいん》は、討ち入りに深くかかわっていた。なぜならば、討ち入りに要した軍資金は、彼女が用立てたからである。

にもかかわらず、忠臣蔵での登場シーンがきわめて少ないのは、彼女が討ち入りの黒幕だったからである。そして、そのことが知られれば、彼女も連座させられて、死罪となる可能性が高かったから、そうならないように、捏造、歪曲、隠蔽、改竄が行なわれたと考えるのが自然である。そしてその結晶が、「南部坂、雪の別れ」なのである（※これは、前にも書いたが）。

あのシーンは、討ち入りと彼女がまったく無関係であったことのアリバイ作りに他ならない。だから、彼女は、大石から討ち入らないことを聞かされて激怒し、だが彼の本心をあとで知って、泣いてみせたわけである。

つまり、アリバイを作らなければならなかったということが、とりもなおさず、彼女が深く討ち入りにかかわっていた何よりの証拠でなくて何であろう。

瑤泉院の用人に、落合与左衛門という人物がいるが、忠臣蔵に出てきたことがない。それも当然で、瑤泉院の出番があまりないのだから。

ただ、彼は、瑤泉院がいつ誰と会ったということを記録として残しておいた。それが、用人の仕事なのだろうが、しかし、そこに書かれた来訪者に、大石内蔵助の名があるとなると、話はまた別で、資料としての価値がグンと上がる。

ちなみに、彼女が住んでいたのは、実家の三次《みよし》浅野家の江戸屋敷だった。

記録では、彼女と大石が会ったのは、二、三回で、それも大石が江戸へ出たときに、あいさつしに来たもので、長居することなくすぐ帰ったことになっている。

これもまた、瑤泉院のアリバイを証明する有力な証拠である。

討ち入りのプロデューサーと総監督が会って、あいさつ程度で済むはずがないではないか。それも、たった二、三回などということが。

現在においても、ある企業には、二重帳簿なるものが存在すると聞く。ましてや、江戸時代である。公式ではなく、裏の来訪者記録が存在しても決して不思議なことではない。そしてそれは、討ち入り後にすぐに焼却処分されたはずである。

忠臣蔵では、大石が瑤泉院と直接面会して、軍資金の収支報告書と残金を手渡したとなっているが、史実は、大石が用人の落合に送って済ませた、ということである。

浪士たちが家族や知人たちにそれとなく別れのあいさつをしている討ち入り前日に、大石だけが何もしなかったとは考えられない。

そして、彼があいさつする相手は、遠くで暮らしている離別した妻ではなく、瑤泉院でなければならない。

女好きで有名だった大石が、今生の別れに瑤泉院と関係を持ったとしても、それは自然なことである。その総大将を見送るのに、また討ち入るまでの苦労を知っていればこそ、彼女は、大石に対して何かをせずにいられなかったはずである。なぜなら、討ち入ってたとえ成功したとしても、死罪はまず免れないからである。つまり、討ち入るということは、死に行くことを意味するわけで、彼女としても浪士たちの後を追う覚悟であったのはまちがいあるまい。

また、だからこそ、自分の代わりとなって仇を討った浪士たちの遺族の面倒を見たのである。そして、幕府に対し、いろんなコネを使って遺族の減刑を嘆願し続けたのである。

そこには、自分のために命を賭けた男たちへの供養と恩返しという強い想いがあったのだ。

✽

忠臣蔵に関して、なぜ討ち入りの成功が、当時の江戸庶民に大喝采をもって受け入れられたのか。

すべては、「生類憐みの令」にある。

この悪法というか愚法は、言論の弾圧よりもっとひどいものだった。犬はもちろんのこと、蚊を殺しても罪になった人がいたのである。

つまり、言論を縛った上に、生き物に対する行動の自由をも強く規制したのだ。

そんなときに、赤穂浪士たちの討ち入りがあって、亡き主君の無念をみごとに晴らした事件が起きたのだ。以前から江戸庶民は討ち入りを期待していたが、それはそんなことになればいいのだが、というものだった。すると、それが現実に起こったのである。江戸庶民からすれば、お上《かみ》に対する、ザマアミロ！　だったにちがいない。と言うのも、首を取られた吉良上野介は、彼らにしてみれば、仮想将軍だったのである。たとえ、仮想だったにしろ、自分たちの代わりに一矢報いて勝ったのだ。お上に対して、赤穂浪士たちが大きな風穴を開けてくれ、たとえ一瞬だったかもしれないが、風通しが良くなったのだ。

すなわち、それまで生類憐みの令によって、犬畜生以下の待遇と生活を強いられてきた庶民の深い恨みつらみを抜きにしては、忠臣蔵は成り立たないのである。

忠臣蔵が現在に至るまで語り継がれ、何度も映像化されて好評を博しているのは、赤穂浪士たちの討ち入りまでの苦難を、自分たちのお上に対する不平不満と重ね合わせることで、たまりにたまった怒りを合法的に爆発、発散させることができたからに他ならない。

「暴君」――捏造されるものに、暴君と名君がある。それをはっきりくっきり明示しているのが、中国史随一の暴君として知られる隋《ずい》の煬帝《ようだい》と、中国史上最高の名君との呼び声が高い、唐の太宗（李世民）である。

しかして、名君とされる李世民が皇帝に即位したのは、暴君煬帝が家来から殺されてから八年後のことである。

最低の君主と最高の君主との間がわずか八年しか違わないのは、決して偶然ではない。どう考えても、そこに作為が感じられる。

そこで、二人の実績を比べてみると、名君の太宗は、自分と家臣たちの問答集である『貞《じょう》観政要《がんせいよう》』という、我が国にも多大な影響を与えた政治学の書物くらいなものであるのに対し、暴君の煬帝は、中国が発展していくのに絶対に不可欠だった大運河を建設したのである。

自画自賛の書を残しただけの名君と、もう一方は、遠征や大事業を矢継ぎ早に起こして庶民を苦しめ、暴君の中の暴君と呼ばれながら、長く後世まで恩恵を与え続けるという業績をあげた煬帝。

なぜ、煬帝が暴君と呼ばれるか。それは、唐の太宗に見るべき成果がなかったがゆえに、先帝を貶める必要があったからに他ならない。そうすることで、自分を名君であると、庶民に刷り込ませたのである。

そもそも、庶民がいやがることをしなければ、それだけで、名君なのである。

それを、太宗がことさらアピールしたということは、煬帝に対して、ある種の負い目、ひけ目があったことを、いみじくも証明している。

「平和」——世界史で、特筆される平和な時代が二つあった。

ひとつは、古代ローマ帝国内のパクス・ロマーナと呼ばれた平和の時代で、二つ目は、徳川二百六十余年の平和である。

確かに、史料からは、平和であると解釈できるが、現実はそうではなかった。見た目と実態がまるで違うのは、世間によくあることである。理想的な夫婦の見本と思われていたが、実は仮面夫婦だった、というのは決して珍しいことではない。ローマと徳川の平和も、似たようなものだった。

「ローマが浮き草のような繁栄を謳歌する一方で、べらぼうな税負担を強いられた属州は荒廃していった。その状況をローマの歴史家タキトゥスは、『ローマ人は廃墟を作って、そこを平和と呼ぶ』と記した」と史書にある。

このことを日本に置き換えると、戦後の日本人は各地に深刻な公害をまき散らかして、これを繁栄と呼んだ、と言えるかもしれない。

同時に、「徳川幕府は、一般民衆を、「生かさぬように殺さぬように」の状態にとめおくことで、二百六十余年もの平和を創り出すことに成功したのである。それでも、日本各地の諸藩で百姓一揆がまるで年中行事のように起こっていた。

してみれば、平和とは国を疲弊させ荒廃させることで成り立っている見せかけにすぎず、民衆の不平不満が爆発する寸前までの期間のことである、と言うことができる。

すなわち、我々が歴史と言っているものは、その表面だけをなぞっているだけなのかもしれない。そして、実態というか真相が隠されていることを謎と呼んで、不毛な議論を繰り返しているのだろう。

「**断絶**」――司馬遼太郎氏は、その著書のなかで、明治時代と昭和時代は断絶している、と繰り返し強調された。その理由は、明治の人間はすぐれていたのに、昭和になって急に愚劣になったから、ということであった。そして、奇跡を起こすほど優秀だったがゆえに、日露戦争に勝ったが、どうしようもないほどにダメだったために、太平洋戦争ではズタボロにされて負けたのだ、とも。

司馬氏にしてみれば、時代によって日本人がこうも違っていたのは、断絶したという以外に適当な理由が考えられなかったのだ。

しかし、その見解は、あまりに皮相的である。明治の人間にも、エリートと言われた、とても愚劣な人物がしっかりと生きていたのである。その代表が、東大教授の戸水寛人《とみずひろんど》である。当時、末は博士か大臣かと言われるほど、博士と呼ばれる人種の社会的地位は、現在から見てびっくりするほど高かったのである。

その博士の中の博士こそが、東大教授だったことは、言うまでもない。したがって、その言動は、一般大衆に大きな影響を与えたのである。いわゆる、オピニオンリーダーである。

では、そんな戸水が、日露戦争に関して、いったい何をやったか。

彼は、いろんな講演会で、「ロシア討つべし」と声高に叫んだのである。

だが、彼は、ローマ法の学者であって、その道の権威ではあったが、国際政治や外交問題、西欧史や中国史にはまったくの門外漢だった。ましてや、軍事にまつわる戦略や地政学など、何の知識もなかったのである。

言うなれば、専門バカの典型である。

彼は、ただロシア憎しの感情、言わば個人的なことで、ロシアと戦って、懲らしめろ、と言っていたにすぎないのだ。

であるにもかかわらず、あの大先生が言うのだから、絶対にまちがいはない、と一般大衆は単純に信じた。

それだけでは気がすまなかったのか、同僚の教授たちを誘って、自分たちの主張を実行するよう、政府へ直談判に及んだのだった。

司馬氏の「坂の上の雲」に、今日もロシアを討てと言って来たバカが幾人もやって来た、という場面が出てくる。

一般人なら、それほど問題ではないが、これが国民から信頼され尊敬されている博士となると、また話は別である。

そして、その内容たるや、言うに事欠いて、バイカル湖まで攻め入って、シベリアを占領すべし、という昭和の軍人さえ、その足許にも及ばぬほど無茶苦茶で、過激なものだった。

明治と昭和は断絶しているどころか、昭和の満州事変という種はこのとき、しっかりと蒔かれていたのである。

これを見て思うのは、バカという人種に、エリートも一般人も関係ない、ということである。ただ、エリートのバカほど始末に困るものはない、と当時の政府高官はつくづく思い知ったことだろう。

さて、彼らの希望通り、戦争になった。何とか勝って、講和会議が開かれることになった。が、そのとき、彼が何と言ったか。

カラフトはもちろんのこと、カムチャッカ半島、沿海州の割譲を求めたその上に、三十億円もの賠償金を要求せよ、と。

……ポーツマス条約の内容を知っている者からすれば、あきれはてて、何も言う気が起こらないほどのものである。だが、驚くべきことにこれは、あくまでも最低条件なのである。できることならば、開戦前の主張のように、バイカル湖までの割譲だったのだ。

これは、一杯飲み屋で酔っ払ったオヤジの威勢のいい放言ではなく、東大教授たちの大真面目な話なのである。

衆愚政治というものが、何かかわゆく思えるほどの、エリートの愚かさである。

それ以上に恐ろしいのは、彼らは、自分たちの要求が実現可能であると信じてまったく疑っていなかったことである。

無責任にも、彼らに便乗したのが、戦争景気で部数を大幅に伸ばした新聞各社である。勝った、勝ったの次は、ふんだくれ、ふんだくれの大合唱記事を毎日載せたのだ。

こういった明治の連中の、何をもって司馬氏は偉かった、良かったと手放しで絶賛したのか、理解に苦しむ。

昭和のエリート軍人ばかりを槍玉にあげられているが、こんな愚かな連中を東大教授に祭りあげて、いい気にさせていた明治も、ずい分と問題があったと言わなければならない。つまり、昭和と明治は、目くそ鼻くそ、五十歩百歩であって、断絶しているも何も、そのDNAは立派に昭和に受け継がれているではないか。


「スパルタ」——古代ギリシャの軍事国家であるスパルタには、城壁がなかった。と言うのも、作る必要がなかったからである。何しろ、攻めて行ったことはあっても、攻め込まれたことが一度もなかったのだ。

スパルタと同じペロポネソス半島のアルゴスという国の男が、スパルタ人に向かって、こう自慢した。

「我が国には、多くのスパルタ兵士が眠っている」

すると、スパルタ人は答えた。

「確かにそうである。が、残念なことに、吾がスパルタ国内には、一人のアルゴス兵士も眠っていない……」

要するに、スパルタは、常に敵国でばかり戦っていて、敵兵とは国内で戦ったことはないし、侵入されたこともない、と切り返したわけである。

これは、日本にも当てはまる。日本本土が他国から攻め込まれたのは、元寇と、幕末に長州を攻めた米英仏蘭の四国連合艦隊、及び薩英戦争のイギリス艦隊くらいなものである。

したがって、日本人にとっての戦争とは、スパルタと同様、国外で行なわれるものだったわけで、なぜ太平洋戦争をやったかの答えのひとつが、これだった。

また、ドイツは、第一次世界大戦の敗戦に懲りずに、どうして第二次世界大戦までも引き起こしたのか。それは、第一次世界大戦の緒戦でのロシア軍以外、敵軍の一兵たりともドイツ本国に足を踏み込ませなかったことにある。すなわち、勝てなかったが、決して負けたわけではなかったからである。負けを認めようとしない者は、必ず報復を誓う。今に見ていろ、と。

太平洋戦争で、サイパン陥落後にアメリカ軍の空襲を受けずに降伏していたならば、死なずにすんだ日本兵や日本人がたくさんいたわけで、もう負けは確実であったにもかかわらず、なぜあのとき降伏しなかったのだ、という議論がある。

だが、もしそうしていたならば、空襲を受けることなくて戦争をやめたこととなり、その結果、日本人は戦争の悲惨さを経験しないことになるわけで、そうなると、第一次世界大戦後のドイツのように、第二次太平洋戦争を起こした可能性が高いのではないか、と考えられる。

国民の方も、たかが委任統治領を奪われたくらいで、どうして降伏しなければならないのかにこのときばかりは、スパルタ軍に占領されたところよりもはるかに広い地域をまだ維持占領していたわけだから、国民は絶対に納得しなかったはずである。日本国民は、アメリカ軍の空襲によって国土が焦土とされて初めて、戦争というものが悲惨であることを身をもって、いやというほど思い知ったのである。さらにその上、トドメとダメ押しとも言うべき原爆を二発も落とされたのだ。

誰かが、日本人のバカは、そこまで徹底的にやられないと、治らない、と言った。

したがって、日本人のバカが治る前に戦争をやめたとしても、バカが治らないかぎり、ドイツがそうであったように、必ずや第二次太平洋戦争をやったであろう。なぜなら、バカにつける薬はなく、死ぬ目にあってようやく何とか治るのだから。

すなわち、戦争の悲惨さや愚かさは、経験していやというほど身にしみないかぎり、他人事なのである。

✿

さて、スパルタである。スパルタの婦女子は、戦場に向かう父や夫や息子、それから兄弟に、常々、気丈にもこう言っていたという。

「歩いて帰って来るか、さもなくば、戸板に乗せられて帰って来い」

言うならば、負けて帰って来るな、そのときは名誉の戦死を遂げて来い、という意味である。

ところが、である。スパルタが、反スパルタ連合軍に、領内どころか、城内にまで攻め込まれるという史上最大の危機を迎えたことがあった。

常日頃からスパルタに城壁がないことが自慢だったスパルタ人も、さすがにこのときばかりは、老人や子供まで総動員して、大急ぎで俄か作りの城壁をこしらえたのである。

すると、今まで、気丈であると自他共に認めていたスパルタの婦女子たちが、いきなりパニックを起こしたのだった。なぜなら、敵兵が目前に迫って来たことで、殺されるという恐怖を生まれて初めて味わったからである。

男に対しては、負けるくらいだったら、死んで帰って来いと言い放っていた彼女たちだったが、いざ自分たちがそういう立場に置かれたら、ただ泣きわめくばかりで、まったく処置なしだったという。

このとき、スパルタ王は、何と嘆かわしいことか、これでは、他国の婦女子の方がよっぽど立派である、とため息をついたのだった。

日本人も、空襲を受ける前は、戦争とは、よそでやるものと認識していたわけで、戦争が悲惨であるなどとは、内地の人間は露ほども思っていなかった。それが、内地にまで戦争が持ち込まれて、ようやく戦争はしてはいけないことだ、という国民的な合意ができて、それが現在にまで連綿とつながっている。

そして、昨今、戦争を風化させるな、のかけ声が、風化とともに増している。が、そうではなく、日本人の良識が風化しているのである。


「**海軍**」――戦後十年目にして、もはや戦後ではない、と言われるまでに日本は復興した。つまり、戦前の水準に達した、ということである。

それは、とりもなおさず、戦前の水準がいかに低かったかを、如実に物語っている。それはそうだろう、国土が焼野原となってわずか十年しか経っていないのにもかかわらず、である。終戦直後は、復興するまで五十年はかかると予想された。あるいは、百年になるかもと。

　では、なぜそれほどまでに戦前の水準が低かったかと言えば、世界第三位を誇った海軍を維持しなければならなかったからである。

　すなわち、ぼう大な海軍予算のために、日本は貧しかったのである。これは、明治時代から続いていた。戦艦一隻を造ったり発注するのに、国家予算の数パーセントを割かねばならなかったのだから。さらに、維持費や修理費がまたバカにならない。

　そんな海軍であるにもかかわらず、太平洋戦争では、常に逃げ腰だった。第二次世界大戦でのイタリア海軍は、戦艦の頭数は揃っていたが、いかんせん、敢闘精神に欠けていたため、イギリスの地中海艦隊からいいように一方的にやられたのだった。言うならば、港のこやしでしかなかったのである。

　日本海軍は、イタリア海軍ほどではないにしても、似たようなものだった。

　真珠湾攻撃と第一次ソロモン海戦では、一定の戦果をあげるやいなや、さっさと逃げ帰り、その結果、石油タンクが無傷だったため、アメリカ太平洋艦隊はずい分と早く立ち直ることができ、また輸送船をすべて討ちもらしたことで、ガダルカナルの日本軍は苦戦を強いられたのであった。それから、レイテ海戦にいたっては、栗田艦隊は敵前逃亡をやらかしたのである。

　彼らにあっては、戦う前にまず逃げることが頭にあったのではないか、とつい勘ぐりたくなるほどの腰のひけ方なのである。さらに、月月火水木金金の猛訓練も、レーダーの前には、無力であった。これでは、たとえ対米十割の戦力があったとしても、アメリカとは戦う以前の問題だったと言うことができる。

太平洋戦争を本当に戦ったのは、海軍ではなく、最後は十死零生の特攻までやらされた海軍航空隊だけだった。そして、彼らは決して逃げなかった。

✽

第一次世界大戦でのドイツ艦隊である。

ぼう大な予算をつぎ込んで大艦隊を造ったものの、ほとんど物の役に立たなかったのは、
それどころか、その存在は、「百害あって、一利なし」であった。

と言うのも、イギリスがドイツとの同盟を蹴って、フランスとロシアの陣営に加わった理由のひとつが、イギリス艦隊をおびやかしかねないほどドイツ艦隊が増強されたからだった。

イギリス海軍の基本は、一国で二国の連合艦隊を相手にできる艦隊を保有することにあった。それが、ふっと気がついたら、ドイツ一国だけでもイギリスに追いつこうとしていたのだから、栄光ある孤立、なんて余裕をかましている場合ではなくなったのだ。

そうであっても、第一次世界大戦で、ドイツ艦隊が活躍すればまだ救いもあったが、両艦隊が激突したユトランド沖海戦では、ドイツがやや有利だったものの、引き分けに終わった。

ドイツ艦隊で、本当に働いたのは、Uボートと、仮想巡洋艦エムデンくらいなもので、投資した元はおろか、利子の分をどうにか回収できたにすぎなかった。

そして何よりも、ドイツの敗戦のひきがねとなったのが、キール軍港での水兵たちの反乱なのであった。

要は、物の役に立たなかったばかりか、足を大きく引っ張ったのが、ドイツ海軍だったのである。

とは言うものの、ドイツ艦隊は、最低でもその存在感を示すことはできた。それすらなかったのが、第一次と第二次の両大戦での、フランス海軍とイタリア海軍である。

確かに存在はしたが、それすらわからないほど影が薄かった。何しろ、戦った形跡がないのである。あっても、それはやられたというもので、これでは戦ったとは言えない。

戦艦を、かつて虎の子と称していたことがあった。がしかし、いかに虎の子だと言っても、敢闘精神に欠けていれば、それは張り子の虎なわけである。

それにしても、各国とも、多くの国家予算を投じて、たいして物の役に立たない戦艦をよくもまあたくさん造ったものだと感心する。しかも、その大半は、敵からただ沈められるだけに存在したのである。

「関ヶ原」——歴史の捏造の最たるものは、徳川の御用学者による石田三成への誹謗中傷の数々であろう。

何しろ、石田三成ほどロクでもない奴は他にいない、で終始一貫しているのだから。しかも、それが絶対的に真実であると裏付けるために、わざわざ彼の親友で盟友の大谷吉継の口を通して、三成の悪いところを指摘させているのである。

「君は多くの大名から嫌われている。また、嫌われるような言動がたくさんあった。以後、慎むように」

これは、三成が打倒徳川に立ち上がったことを彼に打ち明けたとき、彼が三成に忠告した言葉である。

二人の会談は、密かに、そしておそらく二人だけで話し合われたはずである。なのに、その内容が、このようにもれ聞こえてくるなど、とうていありえないことである。またそのようなとても大事な場において、なぜ三成の欠点を持ち出す必要があったのか。これではまるで、家康には欠点がなかったかのような言い草ではないか。

つまり、完全無欠の家康に対し、嫌われ者の三成が勝てるわけがなかったのだ、ということを言いたかったのだろう。

そして、このことが前提にあって、だから家康と戦おうなんて、バカなことはやめろ、と三成を説得したにもかかわらず、三成が応じなかったがために、親友を見捨てるのに忍びず、大谷吉継はやむなく三成と行動を共にすることを決断した、という話が作られた。

しかし、吉継のその後の行動を見てみると、三成の分身となったかのごとく家康打倒に燃えているのである。徳川方にもたされた知らせにも、三成と吉継の二人が首謀者として名があがっているほどである。

通説では、数日間も吉継は三成に思いとどまるよう、説得を重ねたことになっているが、それはおそらく、今後の打ち合わせを入念に行なったことを、そのように曲解して伝えたものと思われる。

なぜなら、打倒家康は、三成の個人的な恨みから出たのではなく、豊臣家に仇なす家康を討つ、という大義名分のためであったからだ。

したがって、三成個人の資質がどうだ、というのは、明らかに問題のすり替えである。

なぜ、三成の呼びかけに、東軍以上に多くの西軍が集結したのか。

それは、三成がかかげた大義名分に賛同した武将が多かったからであって、三成個人がどうのこうのとはまったく無関係なのである。

だからこそ、協力を求められた吉継はすすんでこれに応じ、彼の手足となって働いたのである。勝てないから兵を挙げるな、というセコイ話ではなく、大義の問題なのである。たとえは違うが、やむにやまれぬ大和魂なのであって、勝敗を度外視した、ある意味、義挙と言っていいかもしれない。

三成が貶《おとし》められるのは、やむをえないことである。敗者がムチ打たれるのは当然のことなのだから。

だがしかし、御用学者が力説するように、ロクでもない奴で、嫌われ者だったにもかかわらず、石田三成が事実上の西軍の大将であったことについて、どう説明ができるのか。

そして、すべてにおいて東軍が勝って当たり前と言われた関ヶ原の戦いにおいて、小早川秀秋の裏切りで、ようやっと勝ちを拾ったことを、どのように解釈すればいいのだろうか。

✽

石田三成が、諸大名から嫌われていたということの半分は、西軍武将のアリバイ作りによる。

なぜなら、彼らが何とか生き残るためには、三成のことを悪く言うことで、心ならずも西軍に属する羽目になったと申し開きする必要があったからである。

本心は徳川殿に味方したかったが、成り行きで西軍の一員となってしまい、やむなく、東軍と戦わざるをえなかった、というアリバイが。

とりわけ、島津の言い訳は、秀逸である。

伏見城で徳川方に合流するつもりでいたが、城将の鳥居殿は我らが入城するのを拒絶されたため、仕方なく西軍に属する他なかった……。

これは、伏見城で討ち死にした徳川の重臣である鳥居元忠に、西軍へ味方したことの責任を、うまく転嫁させたものである。

まさに、「死人に口なし」を利用した非の打ちどころのない釈明である。

かくして、三成は東軍から憎まれ、西軍からも嫌われた存在となされたのである。

しかしながら、西軍寄りとされた佐竹義宣は、三成の遺児たちを引き取ったし、島津も、同じ西軍の将だった宇喜多秀家を密かに匿ったりした事実があることを知るにつけ、彼らは西軍とみなされたことや西軍として戦ったことに、言われているほど悔いはなかったのではないだろうか。

このことについて、パリ・コミューンの陸軍省代表だった青年士官ロセルが、こんなメモを残している。

「コミューンが受けたあらゆる恥辱にもかかわらず、私は勝者とともに闘うよりは、この敗者（パリ・コミューン）とともに闘ったことが良かったと言わなければならない……」

同様のことは、大坂の陣において大坂城に招かれた真田幸村、後藤又兵衛らについても言える。

彼らは最初から勝てる戦であるとは露ほども思っていなかった。あったのは、おそらく、家康に一矢報いることくらいだったろう。できれば、刺し違えられれば……ではなかったか。と同時に、人生の有終の美を飾ること。それ以上は望まなかったはずである。

彼らは、生きること、生き残ることに汲汲とするより、その最期において大輪の花を咲かせられれば、それで十分だった。

そして、その通りとなって、彼らは歴史にその名を永遠に刻みつけたのである。

負けるが勝ちとは、彼らのためにある言葉なのである。

そう、滅びしものは、後世の人たちから懐かしまれるものなのである。

「滅びし者」——日本人は、昔から敗者に、とりわけ滅びた者に対して、ある特別な感情を抱いている。それを象徴するのが、ほかでもない『平家物語』である。これによって、平家は永遠の命を授かったのだ。

もう一方の源氏はと言うと、ほとんど語られることがない。ただ例外が源義経である。芭蕉の名句、「夏草や　兵《つわもの》どもが　夢の跡」によって、しっかりと日本人に根づいている。

それからまた、芭蕉は、自分の墓を木曽義仲と同じ寺に決めたのだった。これに誰かが句を詠んだ。「木曽殿と　背中合わせの　寒さかな」

言うならば、滅びの美学、である。それと、少し補足すれば、負けた方に心情的に味方したくなる判官びいき、である。

彼らの他にも、湊川に散った楠木正成、そして、北の国で最期をとげた新選組の土方歳三などがいる。

そして、それらすべてを一身に体現したのが、他ならぬ、戦艦大和である。

彼の戦績はほとんど見るべきものはない。であるにもかかわらず、黄門といえば、水戸光圀で、大老は、井伊直弼のように、日本で戦艦と言えば、断然、大和である。

これは、連合艦隊司令長官についても同じことが言える。

すなわち、日本海海戦の勝利という栄光に燦然と輝く東郷平八郎ではなく、絶対的に、南の空に散っていった山本五十六なのである。

さて、大和である。そして、なぜ大和なのか。

それは、すべて彼の最期にある。一方的にやられながらも孤軍奮闘の末、海の底に沈んだ。

彼の最期は、涙と共には語れないし、また聞くこともできない。

なぜなら、ほとんど無意味、無駄を承知で、なおかつ特攻隊と同じく十死零生の出撃だったからである。

こんなこと、外国人からは決して理解されないだろう。日本人は、とんでもないバカだ、と。

ある意味、このバカこそ、日本人の証明と言えるのではないだろうか。そして、これこそは、平家物語から途絶えることなく連綿と受け継がれてきた、日本人のＤＮＡではないのか。

「**情報**」――ある人がこう言った。

「予期せざる偶発的な事件の連続だったのが、フランス革命である」

ところで、ある史書にこんなエピソードが載っている。

バスチーユ牢獄が襲撃され、多くの武器や弾薬が市民たちによって持ち出される事件が起きた。このとき、ルイ十六世は廷臣にたずねた。

「それは、暴動なのか」

すると、廷臣は、こう答えた。

「いいえ、陛下。革命でございます」

これは、まったくのヨタ話である。この時点で、バスチーユ牢獄襲撃が、フランス革命の端緒となった事件であると認識できた人間はひとりもいなかったはずである。

仮に、この廷臣のように、革命の第一歩であるとわかっていたならば、体制側はそうならぬよう徹底的に弾圧したはずである。

ところが、彼らはただ成り行きを静観するだけだった。そのため、反体制側は、封建的特権の廃止、人権宣言の採択、国王一家をパリに連行するなど、矢継ぎ早に、次々と革命的な施策を打ち出すことができたのである。これらは、牢獄襲撃からわずか三週間後のことだった。

まさに、あれよあれよという間の出来事であった。と言うことは、国王をはじめとする体制側は、牢獄襲撃が革命の烽火《のろしび》であるとの認識はまったくなかったわけである。

もし本当に、そういう事態となるとわかっていたならば、初期段階で直ちに消化活動を行ない、鎮火させていたはずなのである。

後の祭りとは、フランス革命のためにある句だと言っても過言ではない。

✲

少し違うが、似たような状況が、第二次世界大戦であった。

それは、あらゆる情報機関（そのひとつが、日本にいたゾルゲである）からドイツ軍のソ連侵攻が真近に迫っている、と知らせてきたにもかかわらず、スターリンは、これを断固として受けつけなかったのであった。

いや、そんなことは、絶対にありえない。あるとするならば、早くて一年後である、という信念に、彼は凝り固まっていたのである。

それどころか、ソ連の西部国境地帯に、軍を移動させることさえ拒否したのである。理由は、そんなことをしたら、かえってドイツ軍侵攻の呼び水になりかねないから、というものだった。

情報は、それを正しい情報と認識できる理解力が当事者にないならば、どんなに正しい情報も、まったく無意味となる。

結果は、ドイツ軍による快進撃の前に、ソ連軍はなすすべもなく、敗退に次ぐ敗退を重ねたのであった。その責任は、すべてスターリンにあったわけだが、このときの彼の言葉は、無責任の最高傑作とも言うべきものであった。

「おれは、絶対に悪くない……」

ただし、スターリンの名誉のために、後日談がある。

それは、ゾルゲからの情報があまりに正確であったために、次にもたらされた彼の情報を、スターリンが一も二もなく信じたことで、ドイツとの戦いを有利にすすめることができたのであった。

その情報とは、日本軍は北進せずに、南進するという、苦戦しているソ連にとっては、これ以上ない貴重なものだった。

スターリンは、精鋭で、冬の寒い戦闘に慣れているシベリア軍団から四十万人を引き抜いて、その多くをモスクワ防衛に当てたのだった。

これによって、陥落が時間の問題となっていたモスクワが息を吹き返し、逆に、ドイツ軍を追い落としたのだった。

なぜかと言えば、ドイツ軍の装備は、冬使用ではなかったからで、つまり、シベリアの寒さに鍛えられているソ連軍の敵ではなかったのである。

✼

これに似た知人の話で、他家に嫁いでいる妹がひょっこり実家に来て、母親がいなかったので、知人にどこへ行っているのだ、と聞いた。すると、知人は、ヨーロッパだと答えた。

妹は、冗談ではなく、本当はどこだ、と再びたずねた。が、知人は、同じ返事を繰り返した。

すると、妹は、いろいろと頭をめぐらし、ヨーロッパとは、たとえば、オランダ村とかスペイン村などのヨーロッパの国を冠した遊園地ではないかと思ったらしく、そう言った。

「だから、さっきから言っているだろ。ヨーロッパだ、と」

それでも、妹は容易に信じなかった。あの七十五歳になる、人見知りのする老婆が、ヨーロッパ旅行に行くなんてことは、絶対にありえない、あってはならないことだと信じて疑っていなかったのだ。

そこで知人は、じゃあ、賭けるか、一万円、と言った。

知人が驚いたことに、妹はすぐに応じたと言う。

私は思った。知人はよほど信用されていないか、あるいは、妹がバカなのか。……たぶん、両方だったのだろう。

ともかく、知人は大喜びだった。労せずして一万円もらったも同然だったから。が、さすがに、妹がかわいそうになったのか、五千円でいい、と言ったという。

本当に、知人の母はヨーロッパ旅行八日間のパックツアーに出かけて家にいなかったことがわかって、妹はたいそう驚いたという。

世の中に、絶対ありえないことは絶対にないし、そして、人間は、自分が信じないことや信じられないことは、絶対に信じないものだ、ということである。

✼

情報について、それを信じるか信じないかとは別に、あるかないかによって、作戦が成功した例があった。

それが、太平洋の奇蹟と言われた、ガダルカナル撤退作戦と、キスカ島撤収作戦で、どちらもケ号作戦と言う。

日本軍の暗号は、珊瑚海海戦以来、完璧にアメリカ軍に解読されていて、以後の日本とアメリカの海戦では、二、三の例外を除き、一方的に日本の負け戦であった。

敵にすべて手の内を知られていたわけだから、当然と言えば当然だった。何しろ、行く先々で、今や遅しとアメリカ軍が待ち構えているのだから、よほどのことがないかぎり、勝ち目はなかった。

その上、アメリカ軍はレーダーを装備しており、闇夜でも圧倒的に有利だった。であればこそ、二つのケ号作戦の成功は、奇蹟と呼ばれたのだ。

が、本当は奇蹟でも何でもなかった。と言うのも、二つのケ号作戦にかぎって、日本軍は暗号無線を極力封鎖したからだった。

つまり、暗号無線のないところには、日本軍は存在しないし、やって来ることもない、とアメリカ軍はまったく疑わなかったのである。

とりわけ、キスカ島撤収作戦は、当日、周辺を常に警戒していたアメリカ艦隊が、燃料補給のため、たまたまその日だけ警戒を解いていたという僥倖があった。とは言うものの、そのこと自体は、無線封鎖によって撤収作戦を事前につかんでいなかったのが、その大きな要因なわけであった。

わかっていたならば、アメリカ軍は絶対に警戒を解かなかったはずである。

同様のことは、独ソ戦でもあった。

スターリングラードの戦いとクルクスの戦いという、独ソ戦の二大戦闘の間に戦われた、第三次ハリコフの戦いがそれである。

このとき、ドイツ軍では暗号無線がほとんど使われなかったのだった。このため、ソ連にドイツ軍の情報は、まったく入って来なかった。それは、スイスやフランスからの情報源も同じだった。その結果、ソ連軍は惨敗した。

だが、続いて行なわれたクルクス戦では、再びドイツ軍の暗号無線が盛んに飛びかったことで、ドイツ軍の意図を察知したソ連軍は、ドイツ軍を再起不能におとし入れるほどの大勝利を得たのであった。

もっとも、ソ連軍のT‐三十四戦車やカチューシャロケット連射砲がその威力を発揮したことも、勝った要因ではあるが。

このように、日本もドイツも、物量に負けたというよりむしろ、暗号戦ですでに戦う前から敗れていたのである。

アメリカもソ連も、いかに情報に頼っていたか、である。まるで情報がなかったなら、何もしないかのごとくである。そんな情報偏重のツケが、朝鮮戦争とベトナム戦争で勝てなかった原因のひとつになっているのではないだろうか。何でもかんでも、情報で勝てるほど、世の中は甘くないのである。

ひるがえって、我が日本は、情報軽視がはなはだしいと常に批判の的とされている。が、そうではなく、日本もしっかり情報を得ていたのだが、それを活用できないか、ハナから握りつぶすようなつまらん連中が上に立っていただけのことなのである。つまり、鈍感で怠惰だったのだ。そして、そのことを隠蔽しカムフラージュするために、敗戦の原因をすべてアメリカ軍の物量に責任転嫁したのである。

桶狭間の戦いの勝利で、信長が戦功の第一を、簗田《やなだ》広正としたのは、彼が今川義元の所在地を知らせたことにあった。

これからわかるのは、信長の真の狙いが今川義元を戦場に誘き出して、彼一人を討つことであったと理解できる。つまり、織田軍が一丸となって、スナイパーとなったのだ。そして、それを可能としたのが、情報だったのである。

ところが、日本軍は、桶狭間の戦いから、小勢であっても大軍に勝つには奇襲攻撃がもっとも有効である、という軍にとってもっとも都合のいいところと、おいしいところしか学んでいなかったのである。基礎があっての応用である、というのに。

✲

情報と言えば、有名なのが、イギリスの情報部、ＭＩ６である。

イギリスは、第二次世界大戦では、情報戦でもドイツに勝った。

だがしかし、戦後の東西冷戦下の情報戦では、まったくいいところはなく、完敗続きであった。それどころか、情報部はない方がかえって西側のためになったとみなされるほどに、足を引っ張ったのが、イギリス情報部だったのだ。なぜか。

それは、情報部の高官に、ソ連のスパイがいたからである。それも、二人や三人ではなく、十人前後も……。

これでは、暗号解読をされる以前の問題である。

どうして、イギリスの秘密情報部員が大活躍する映画００７シリーズが制作されたかと言えば、こんな大失態を隠蔽するためだった、と考えるのが自然である。と言うのも、原作者のイアン・フレミング自身が情報部員だったからで、そんな危機的状況にあった情報部のために彼が一肌脱いで出来上がったのが映画００７だった、というわけである
言うならば、映画という娯楽作品でもって、目茶苦茶臭い物をおおい隠したのである。そして、それは見事に成功した。何しろ『女王陛下の００７』というイギリス王室公認とも受け取れるタイトルさえあるのだから。

それにつけても、現実と映画のギャップの何とも大きいことか。大失策を大失策と思わぬ、まるで開き直りである。

歴史は、ある意味、黒さえ白と言いくるめるために存在しているのである。

✽

戦国時代最大の謎は、本能寺の変がなぜ起こったか、ということではなく、信長死すという俄かには信じられないような第一報を、秀吉が何の疑いもなく信じたことである。毛利方の謀略という可能性も十分考えられたのにもかかわらず、そんなことは露ほども疑わなかったのだ。

万人が万人、疑って絶対に信じないような情報を、何のギモンも抱かずにすべて鵜呑みにするなんてことは、断じてありえない。

現代でも、とんでもない情報を知らされたとき、えっ？　それって本当なのか、と誰もが一度は疑問に思うのが普通であろう。そして、確認のための第二報を得て初めて、その情報が本当だったのだと納得する。

つまり、秀吉への第一報は、実は第二報ではなかったか、ということである。それによって、信長の死をいやでも信じることができたのでは、と。

おそらく、秀吉は独自の情報ルートを持っていて、そこから本能寺の変の一報を目にした。しかし、それはとても信じられない内容だった。何かの罠ではないか、と思ったはずである。

そこへ続いて第二報が届いて、第一報が事実であることが確認されたので、そこでようやく、中国大返しの準備にかかった、ということではなかったか。

それがあまりに突飛であると、本当に正しい情報であっても、なかなか信じてもらえないものである。

それがすんなり信じられた場合、当人にとっては、突飛でも何でもなかったことを証明している。

「外交」――歴史における問題のすり替えで、もっとも有名で、そしてみごとに成功したのが、ナポレオン戦争後のヨーロッパをどうするかを話し合ったウィーン会議である。

本当ならば、第一次世界大戦後のベルサイユ条約のように、すべての責任を敗戦国のドイツに押しつけて、多額の賠償金を要求すると共に、その領土を割譲させた上に敗戦国を弱体化させる、というのが常識である。

ところが、敗戦国フランスの外相タレーランは、ヨーロッパをフランス革命前の状態に戻すという正統主義なるものを主張して、ヨーロッパ諸国の合意を取りつけることに成功したのである。

つまり、悪いのは、革命であり、ナポレオンなのであって、ヨーロッパを大混乱に陥れた責任はフランスや王政復古したブルボン王家にはない、というのが彼の論理であった。

この手法は、第二次世界大戦後のドイツでも使われた。すなわち、すべてはヒトラーとナチスが悪いのであって、ドイツ国民は無理矢理従わされただけなのだ、と。

それはさておき、タレーランのすごさは、敗戦国であるにもかかわらず、自分勝手なフランスの主張を戦勝国に公認させたことである。外交手腕とは、彼のためにある言葉だと言っていい。

当時のナンバーワン外交官は、ウィーン会議を主催したオーストリーのメッテルニヒとされているが、タレーランの足許にも及ばない。なぜなら、彼には、激動のフランス革命からナポレオン帝政、そして王政復古と、さまざまな時代を生き抜いてきた恐るべき適応力があったからである。

激動のフランス革命を生き残った大物政治家は、数えるほどしかいない。それだけでもすごいことであるのに、彼はそのときどきで重要な役割を担っていたのである。

さすがに、ロベスピエールの恐怖政治のときは、亡命を余儀なくされたが、ナポレオン帝政でも、王政復古でも外相をつとめるという離れ技ができるのは、彼くらいなものである。

その上でなおかつ、ウィーン会議で堂々と主導権を握ったのである。

にもかかわらず、王政復古の高官たちからほとんど評価されなかったというのも、たいへん不思議なことである。彼らはまるで、そうなるのが当たり前で、べつに取り立てて賞賛するほどのことではない、と思っていたらしい。

王政復古はしたものの、時代がまったく変わったことが理解できなかった連中を評した彼の言葉が「何事も学ばず、何事も忘れず」である。

これは、亡命から帰国した貴族たちに向かって発せられた名文句だが、現代風には、こう言い換えられるべきである。

「何事も学ばず、何事も考えず、そして何事も変えず」

これは、ある意味、前例主義、責任回避を旨とする官僚の本分に似ている。

✲

フランスがタレーランならば、ドイツはビスマルクである。

何が惜しいと言って、この二人が外交上で火花を散らす機会がなかったことである。時代が違ったのだから、仕方がないが。

同様のことは、中国の思想家についても言える。

それは、老子と孔子、そして孟子と荘子が、論争するのを見てみたかったことである。たぶん、かみ合わなかったであろうが、お互いが相手をどのように見たか、たいへん興味あるところである。

さて、ビスマルクである。彼は、ビスマルク体制というあまりにも精緻な外交網を張りめぐらせて、ともすると戦争になりかねない事態を事前に予防して、ヨーロッパに平和をもたらしたのである。

普通、体制には、会議の名がつけられるものである。ウィーン体制、ベルサイユ体制など。それが、個人名が体制につくというのは、それだけビスマルクが傑出した外交官であったことを証明している。

しかし、その精緻さが、かえって第一次世界大戦の芽となったと言える。

なぜなら、外交の基本は、バランス感覚にあるからで、そのバランスが崩れたとき、平和が一転して戦争と化すのである。

ビスマルク体制は、絶妙なバランスによって保たれていたのである。そしてそれは、とてもきわどいものだった。

言うならば、コップぎりぎりに注がれた水であった。表面張力分の余裕はあるものの、少し揺れただけ、こぼれてしまう状態なのである。

したがって、遅かれ早かれ、ビスマルク体制は崩壊する運命にあったと言うことができる。ただ、カイザーが皇帝となって、一方的に破壊したのは、彼の愚かさによるものだが、ドイツの急激な発展が、ビスマルク体制という枠に収まりきらなくなったことで、それが早まったというのもまた事実である。

そもそも、体制というのは必ず崩れるものである。

ナポレオン戦争後のウィーン体制も、十四年後にギリシャが独立したことで、さっそく破綻し、また、第一次世界大戦後のベルサイユ体制に至っては、それ自体が第二次世界大戦を準備したものであった。

それからするならば、ソ連の共産主義体制が七十年も続いたのは、奇蹟に近いと言っていい。このように、平和体制の微妙なバランスが崩れることで、戦争となる。つまり、平和を維持していく努力が放棄されたとき、戦争が始まるのだ。

何事も、維持するのは辛く苦しい。時には、これってムダではないのか、と疑問に思うこともある。だから、やめたら、どんなに楽になれるか、とつい考えてしまうほどである。

戦争がなくならないのは、おそらく、そのためである。

「宣伝」――情報はその内容次第で、容易に信じてもらえたり、逆に頭から無視されたりする。だが、これが宣伝となると、事実であろうがなかろうが、人はコロリとだまされてしまう。

なぜか。

それは、悪い情報をいっさい言わず、良い情報だけを伝えるからである。

平成の大合併で、M町がK市と合併するかどうかの決断を迫られていたとき、合併するための町民への切り札と言うべき殺し文句が、合併すれば水道代がグンと安くなる、だった。M町は合併しなければならないほど困っていたわけではなかったが、町の有力者たちがこぞって合併推進派だった。たぶん、町会議員たちは、市会議員になれるという誘惑に抗することができなかったからと考えられる。

よほど水道代が割高だと感じていたのだろう。結局、町民たちは、合併に賛成した。

ところが、である。K市になって確かに水道代はかなり安くなったものの、固定資産税をはじめ多くの公共料金が軒並値上がりしたのだった。

その上、十二名いた町議は、K市の市議会選挙で、三名にまで減ったのであった。

＊

必ずもうかる、という詐欺まがいの宣伝文句がある。が、それは同時に、必ず損する物件でもある、と知るべきである。

本当に必ずもうかる物件を、そもそも赤の他人に教えるわけがない。教えるとすれば、身内、親戚、知人にかぎられる。そして、そんな濡れ手に粟、棚からぼた餅みたいなおいしい話を紹介する人間は、彼自身が借金してまでそれに金をつぎ込むはずである。それがそうではなく、ただ仲介するだけというのは、必ず損をするとわかっているからに他ならない。

すなわち、宣伝の本質は、悪いことをいっさい告知しないことなのである。お見合いの仲人が、相手の不利なところを一言も口にしないのに似ている。「仲人は、小姑一人殺すなり」という古川柳がそれをいみじくも言い表している。

原発は絶対に安全である、とかつて電力会社がこぞって宣伝していたのも、裏を返せば、絶対に危険だ、ということだったわけである。

「バカ」——自己顕示欲と虚栄心が異常に強い人間ほど、自分が大物であり、大人物であると思い込む傾向がはなはだしい。

その代表が、勝海舟であり、それをものの見事に証明したのが、彼の書「氷川清話」である。この書では、大物とか大人物という言葉が、随所で踊っている。そして、西郷や竜馬、横井小楠が特筆に値する人物として、さかんに称揚されている。

彼らに共通するのは、大人物であり、それと明治十年までにすでに死んでいることである。もっと言えば、これが一番大事なことであるが、勝を尊敬していた数少ない人物たちだった。西郷からは、勝先生は恐ろしい人でごわすなと言われ、竜馬は勝のことを日本一の先生と高言したのである。

これからわかるのは、勝は、自分は西郷や竜馬よりもさらにもう一段上の人物である、と言いたいのである。

そして、「氷川清話」を書いたのは、自分をほめてくれる人間がみんな死んでしまったため、自分でそうするしかなかったからである。

その結果、「氷川清話」は、自己礼賛とホラ話と昔は良かったとする老人の繰り言集となってしまった。

ただ困ったことに、鋭い視点を持っておられる著名な識者が、この書を手放しで誉めていたことである。

　が、少なくともこれだけは言える。

「自慢高慢、バカのうち」と。

✽

　バカと言えば、最後の将軍、徳川慶喜である。

　彼は決してバカではない。否、むしろすぐれた人物だった。家康の再来か、と言われたのだから。では、なぜバカなのか。

　それは、バカなことばかりしたからである。

　ならば、どうしてバカなことばかりしたのかと言うと、性格が最悪だったのだ。

　自己中心的で唯我独尊で無責任で厚顔無恥で軽佻浮薄で……とまだまだあるが、自尊心が異常に強いなど、重複するので、これ以上は書かない。

　とにかく、幕末でもっともつまらん奴だったことは確かである。

　そんな彼が上に立ったばかりに、多くの前途有望な若者たちの血がムダに流されたのだ。その代表が、白虎隊と二本松少年隊である。

　彼ひとりが責任をとっていさぎよく腹を切りさえすれば、戊辰戦争や北越戦争で多くの血が流れることはなかったのだ。なのに、バカひとりのために……。

　江戸無血開城にしたところで、慶喜の首ひとつで、それだけで可能だったはずである。

　それが、無責任で生かしておいても無意味なだけの男の命を助けるために、山岡鉄舟や勝海舟が汗を流したわけだが、結果として、ずい分とムダで愚かなことをしたものである、と言わざるをえない。

と言うのも、慶喜は、助命してもらったことに、感謝すらしていないのである。また、官軍の江戸攻撃で、江戸が壊滅すると言われたが、それまで江戸の街は幾度となく大火に見舞われて、そのたびに壊滅していたわけで、それを回避できたことはたいへんな功績であるとするのも、かなり疑問である。

それよりは、東北地方を戦火に巻き込んだことの方が、はるかに重大である。

したがって、幕末の一番の悲劇は、つまらんすぐれたバカを将軍にしたことである、と言っても過言ではない。

言うなれば、すぐれていることが必ずしもすぐれているとはかぎらない、ということである。見かけ倒し、張り子の虎などのように、本質とは真逆なことがけっこうあるものだ。だからと言って、それが前都知事のことだと言っているわけではない。

ちなみに、慶喜が家康の再来と言われたというのは、家康が慶喜程度の男だった、ということなのだろう。

「**地位**」――家康であるが、彼はその幼少期を今川家の人質として過ごし、たいへんな苦労をしたということになっている。そしてそのときの苦労が、家康を家康たらしめたとともに、天下人にまで為したのだ。だから、人は苦労をしなければならない。苦労を当たり前だと思わなければいけない。つまり、生きるとは苦労することである、などと徳川時代二百六十年以上の長きに渡って日本人は言われ続ける羽目となった。また、そこから、苦労は買ってでもしろ、というアホな句さえ、何の疑問もなく唱えられるようになった（苦労を買う金があったならば、苦労よりも他の何かすばらしいものを買った方が断然いい）。

それはさておき、家康の苦労とは、その大半が幼少期から青年期までの人質時代のことなのである。

だがしかし、それが本当ならば、なぜ家康は隠居城を人質としてたいへん苦労をし、また思い出すだけでもいやな駿府に決めたのか。こんなこと、とてもありえないと言わなければならない。

そうではなく、事実は真逆であって、人質時代の駿府にはけっこう楽しい思い出がたくさんあったのである。つまり、苦労と言える苦労などしていなかったのだ。だから、駿府城を終《つい》のすみかとしたのである。

ではどうして、逆のことが言われるのかと言えば、そういうことにしないと、家康は、今川家に恩を仇で返した、人でなし、薄情者となるからである。と言うのも、徳川家の前は松平家と言ったが、今川家からずい分とよくしてもらっていたからである。それが、後に家康が今川家を滅ぼしたことで、それを正当化するために、人質時代はさんざん苦労させられたとしなければならなかったのである。

家康も他の戦国武将のように身内を殺していたり、家臣たちから裏切られたりしているのであって、べつに彼が特別な人間だったから天下人になったわけでは決してない。

にもかかわらず、彼が源頼朝と並び称される日本史上屈指の政治家と評価されているのは、御用学者が知恵をしぼって、黒を白と言いくるめることで、ほぼ完全無欠の人間に仕立てあげた努力のたまものなのである。

そもそも、源頼朝がいったい何をやったと言うのか。ずっと鎌倉にいただけではないか。そして、やろうとしたのは、平清盛と同じように娘を天皇に后にするべく画策したことなのである。

しかも彼は、関東の御家人たちの神輿にただのっかっていただけで、戦場には弟たちを派遣して、後方から一方的に指示を与えるだけだった。

すなわち、本当に偉かったのは、頼朝という神輿をかついでいた者たちの方なのである。

✲

頼朝と似た状況だったのが、戦国時代の島津義久である。

彼は、島津の当主ということで、戦場に立ったことはあまりなかった。戦ったのは、主に次弟の義弘、三弟の歳久、末弟の家久ばかりだった。

とりわけ、次弟の義弘は、太平洋戦争で言われた、生きて帰れぬニューギニアと同等の、対伊東氏との最前線である飫肥《おび》城へ養子として送られたのだ。

幸い、城主の好意によって実家に戻されたものの、次の任地は、同じ最前線の城、加久藤《かくとう》城であった。

これではまるで、死に場所をたらい回しされているようなものではないか。

三弟の歳久は、ある激しい戦いで負傷したため、それ以後、戦場に立てない体となっていた。

末弟の家久は、九州三強の一角、肥前の竜造寺軍二万五千の大軍に対し、わずか三千の兵を与えられただけで戦場へ送り込まれたのだった。

島津の援軍が来るとおおいに期待をかけていた有馬氏は、思いのほか救援軍の兵が少なかったため、島津本家は、我々を見殺しにする気なのか、と天を仰いだという。

ところが、加久藤城の戦いで、義弘の島津軍五百は、三千の伊東軍に大勝したし、島津と有馬の連合軍六千も、島原沖田畷の戦いで竜造寺軍の大将、隆信の首級をあげるという大勝利を収めたのだった。

結果オーライとは、この島津氏のことを言ったものである。なぜなら、どちらの戦いも、勝てる要素はほとんどなかったからだ。それでも勝ってしまったのは、敵に油断があったのは確かだが、それ以上に義弘と家久が抜きん出て戦上手であったからでもある。

これはまさに、頼朝と義経兄弟の関係とほとんど同じであると言っていい。違ったのは、義経が御家人たちからほとんど支持されなかったに対し、義弘は家中からの人望が厚かったことである。

その点、家久は義経のように独立志向が強かった。だからと言うわけではあるまいが、家久は、謎の死をとげている。

さて、義弘と言えば、何と言っても、関ヶ原合戦での撤退戦、いわゆる、退き口である。

そして、そのことばかりが注目され、大絶賛されてしまって、なぜ島津兵がわずか一千五百しかいなかったのか、ということがほとんど語られてこなかった。もし、島津兵が五、六千もいて、最初から戦闘に加わっていたならば、関ヶ原の戦いは、西軍が勝っていたのはまずまちがいない。

ではなぜ、島津義久は兵を送らずに、家来たちの自由裁量に任せたのか。

それは、西軍が勝っては困るからであった。

どうして困るかと言えば、島津家における当主の座が危うくなるからに他ならない。

つまり、仮に西軍が勝ったとしても、一千五百の手勢ではその貢献度はたかが知れている。逆に、もし負けたなら、義弘は一千五百の兵とともに戦場の露と消えることが予想されたのである。と言うのも、義弘は勇将であったから、必ずや勇戦奮闘の末、討ち死にするものと、義久は密かに思っていたはずである。

そして、家康から西軍となったことを追及されたなら、それはすべて弟の一存でやったことであって、島津とはほとんど関係はない、と申し開きができるわけであった。その証拠に、拙者は一兵も送らなかった。一千五百は、すべて弟の家来であってそれも勝手に関ヶ原へ行った者たちだった、という言い訳も用意していたのだ。

ところが、である。おっとどっこい、弟は生きて帰って来た。

義久にとっての最悪の事態である。言い逃れはむずかしかった。

彼は、弟を亡き者にして、その首を家康に届けることで許しを乞おうか、と一瞬思ったはずである。が、出来なかった。それをやったら、ならばなぜ兵を多勢を送らなかったのだと批判されるのは目に見えていたし、義弘を無事に逃すために犠牲となった一千四百名以上の兵がまったく浮かばれなくなる。

義久には最良の策だったものが、義弘の生還で、一転して島津家史上最大の危機を迎えることとなってしまったのである。

結局のところ、島津家は領民も含め一致団結することで、この難局を乗り越えることができた。

と言うのも、島津家の刺し違えてもという決死の覚悟が家康に伝わったからだった。

家康最大の失策は、毛利家を潰さなかったことと、このとき島津家を不問としたことである。

それはさておき、島津四兄弟と言えば、仲が良く、その結束力は戦国随一と謳われたが、一皮むけば、義久の独裁であって、弟たちは常に兄の顔色をうかがっていたのである。

それだからこそ、家久は秀吉の弟の秀長に、直臣にしてくれと直訴したのである。そして、その直後、家久は死んだ。

三弟の歳久は、朝鮮出兵中に起きた梅北の乱に連座して、秀吉から死を命じられた。このとき、義久が弟の命乞いをした形跡はない。

結局、生き残ったのは、次弟の義弘だけだった。なぜかと言えば、武運に恵まれていたのはもちろんのこと、島津家におけるナンバー2に徹したからである。

秀吉から優遇されても、常に義久に遠慮し、兄を立てた。そこには、義経のように、頼朝に対する甘えなどはいっさいなかった。兄としてではなく、主君として仕えたからである。

これは、毛沢東と周恩来の関係によく似ている。すなわち、周恩来がナンバー2の地位をあんなにも長く維持することができた最大の理由は、彼が毛沢東と接するときは、まるで飼い主と忠実な犬のようであったからである。なぜ、わざわざ忠実をつけたかと言うと、なかには飼い主の手をかむ犬もいたからである。その点、周恩来は、毛沢東の前では、常に奴隷であった。であればこそ、毛沢東は彼に全幅の信頼を置いたのであり、長くナンバー2でいられたのだ。そこに、賢者の生き方を見る。生き残るために、時にはバカにもなるという。

言うなれば、自己犠牲なくしては、その地位にとどまり続けることはできないのである。ましてや、仕える相手が独裁者であれば、なおさらである。

✲

歴史は、隠蔽、捏造、改竄、歪曲ばかりがその本質ではない。その他にも、勝者や成功者に対する過大評価、その逆の、敗者や脱落者、挫折者への過小評価すらもない、無視、などがある。勝てば官軍、負ければ賊軍は、日本だけではなく、世界でも十分通用する。そして、その一人が、イギリスの首相だったチャーチルである。

彼は、当時の世界では、巨頭のひとりとみなされていた。いわゆる、大物中の大物だった。現在でもそう思われている。

では、なぜ彼がその地位というか評価を得ることができたかと言えば、それは、第二次世界大戦で、決してドイツに屈服しなかった、というその一点に尽きる。これによって、彼の人生、実績などでのマイナス面がすべてチャラとなり、それどころか、世界史上に永遠の名を残した歴史的人物にまで祭り上げられたのである。

ならば、どうして降伏しても決しておかしくない絶体絶命の状況下で、イギリスはドイツの軍門に降らなかったかと言えば、それはイギリス空軍が頑張ったからである。それと、連日連夜のドイツ軍の空襲にも、イギリス国民がじっと耐えたことにある。

イギリス空軍の場合は、ドイツ空軍の方により大きな問題があった。それは、爆撃機を護衛する戦闘機メッサーシュミットの航続距離が短く、イギリスの上空には十分以上いられなかったからである。

つまり、イギリス空軍の迎撃戦闘機スピットファイアとはまともに戦うどころか、爆撃機の護衛も満足には果たせなかったのだ。

もし、航続距離がべらぼうに長い日本のゼロ戦がドイツ空軍に配備されていたならば、いくらチャーチルがドイツに屈しないと声高に叫んでも、敗れていただろう。

ドイツ空軍の敗因は、レーダーや暗号解読など他の要因もあるが、すべてはメッサーシュミットの航続距離にあったのだ。

かくして、ドイツは、イギリス上陸作戦を断念せざるをえなくなり、次の鉾先であるソ連に向かったことによって、イギリスは一息つくことができたと同時に救われたのであった。

そのときの首相が、たまたまチャーチルだった。

ところで、チャーチルが首相になれたのは、彼に人望があったからでも、国民的な人気に支えられていたからでもなかった。

と言うよりむしろ、彼は議員の大半から嫌われていたのである。また、それだけの人間だった。

言うならば、彼は運が良かったのである。と言うか、運をうまく自分のモノにする術を心得ていたのである。

運はつかむだけではダメなのである。なぜなら、運良く首相になれたとしても、すぐにやめる破目に陥ることはよくあるわけで、とにかく、運は一度つかんだならば、絶対に手放さない気力、体力、そしてその能力がなければ、あまり意味がない。

ドイツに対する宥和政策が失敗に帰したことで、チェンバレン首相は辞職したが、後継者に、最初は外相のハリファックスを指名したのである。が、彼はこれを断った。と言うのも、ドイツと戦争していくという、そんな難局を乗り切って行ける自信がなかったのである。平時であったならば、待ってましたの首相のイスも、非常事態となると話は別である。

そこで、消去法によって、チャーチルに首相のお鉢が回ってきた、という事の次第であった。若いときから冒険好きで、ボーア戦争にも参加していて、どちらかと言えば、戦争好きのチャーチルにとってまたとないはまり役だった。

そして、勝つための最良の手段であるアメリカを戦争に引きずり込むことに成功したのである。

チャーチルをチャーチルたらしめた二大要因は、彼の功績というよりも、メッサーシュミットの航続距離とアメリカの参戦だったのだ。

チャーチルが首相と決まったとき、ある議員が、こう吐き捨てたという。

「これで、大英帝国は小英帝国となるだろう」

チャーチルの嫌われ方が半端でないことは、この言葉が如実に示している。

実際に、戦争には負けなかったものの、戦後、ほとんどの植民地が独立して、その通りになってしまった。

また、日本軍の真珠湾攻撃で、結果としてアメリカを参戦させることに成功はしたものの、しかしその代償は決して小さくなかった。

イギリス東洋艦隊の二隻の戦艦がマレー沖海戦で沈められ、東洋における大英帝国のシンボルだったシンガポールをも攻略されたのである。

この一連の責任は、チャーチルにある。なぜなら、完璧に、日本軍をなめていたのだから。たった二隻の戦艦をシンガポールに送れば、日本軍は恐ろしくて何もできないだろう、とタカをくくっていたのだし、シンガポールも難攻不落であって、たとえ二十万や三十万の日本軍が攻めて来ても、ビクともしない、と豪語していたのである。

後に、新聞記者がチャーチルに、あなたは、イギリス兵一人は、日本兵十人に相当すると言っていたのではなかったかと問われて、いや、日本兵が十一人来たからシンガポールは落ちたのだ、と苦しい弁解をしたとかしなかったとかの話がある。

事実は、日本軍三万五千で、イギリス軍は八万五千（うち半数はインド兵とも）であった。

なお、メッサーシュミットの名誉のために書くと、状況は、イギリス空軍も同じだった。と言うのも、イギリス空軍がドイツ本土を爆撃するとき、護衛のスピットファイア戦闘機もまた航続距離に問題があって、爆撃機を守ることがむずかしかったのであった。

いかに、当時としての日本のゼロ戦がすごかったか、である。

しかし、長所はまた短所でもあるわけで、航続距離の長いことが仇となって、パイロットたちは長時間勤務を余儀なくされ、心身共に疲弊消耗してしまったのだった。

さて、あろうことか、チャーチルは、ドイツの敗戦後に行なわれた総選挙で敗れ、首相の座から降りることを余儀なくされた。この事実からも、チャーチル内閣が、あくまで緊急避難的な臨時内閣であったことがわかる。

つまり、国民はやむをえずチャーチルに、いやいや従っていたわけである。と同時に、このことは、連合軍内部でも同様であった。と言うのも、彼は事あるごとに連合軍の作戦に口先介入をしてはアメリカ軍を困らせたのである。それも、その多くは、イギリスとイギリス植民地を優先するものばかりだった。

チャーチルも、ヒトラーやスターリンがそうであったように、軍の足を引っ張ってばかりいたのである。ただ違ったのは、独裁者ではなかったため、彼の意見が聞き入れることはあまりなかった。ある意味、だから連合軍が勝ったとも言うことができる。

たまたま採用された作戦が、イギリスのモントゴメリー将軍主導によるマーケット・ガーデン作戦だったが、みごとに失敗した。

……このように、ざっくり見れば、チャーチルは巨人のようだが、その業績をひと皮めくれば、それほどすごいということはない。

とにかく、歴史上の人物は、その多くが過大評価されている、と言っていい。そして、本当に偉大な人は、世間にはあまり知られていないものである。

そのことを如実に示したのが、山岡鉄舟である。

彼は、同僚から、江戸城の無血開城にもっとも尽力したのが君なのに、その功績がすべて勝海舟に帰したことについて、何か言いたいことがあるだろう、と問われて、こう答えた。

「私が事実を公表すれば、勝の名声は地に堕ちるだろう。功名なんぞは、他人にくれてやってもかまわない」

そんな鉄舟だったからこそ、西郷隆盛は、勝海舟よりも高く評価したのである。なぜなら、勝と西郷の有名な会談は、ただのセレモニーにすぎなかったからである。

西郷は、勝が目立ちたがり屋のええかっこしいで、口舌の徒であるのに反し、山岡鉄舟は命もいらず、名もいらない、まことに始末に困る男だと見ていたのである。

似たようなことは、中岡慎太郎についても言える。

薩長同盟はもともと中岡の腹案だったのだが、彼が坂本竜馬に協力を頼んだことが、竜馬がこれに首を突っこむきっかけとなった。そして現在では、薩長同盟は、竜馬のウルトラCによって実現したと広く信じられている。

しかしながら、これは、中岡が竜馬に、ひさしを貸して、母屋を取られた結果なのである。

これから言えるのは、海舟と竜馬の師弟は、他人のふんどしで相撲を取って、手柄をすべて一人占めすることに長けている、ということである。

なぜ西郷は、薩長同盟が成立するや、亀山社中への資金援助をやめて、竜馬を見捨てたのか。

おそらく、勝海舟と同じ臭いを感じたからだと思われる。もう、おまえの役目は終わった、と。

六章　名文句からの歴史発見！

「おまえは、青史（歴史）を信じるのか」（山本周五郎）――歴史とは、信じられていることで成り立っている。だが、この句は、それを頭から否定している。すなわち、歴史の本質を鋭く突いている。

言うならば、史実とされているものが、本当に史実であると検証されているのか、あるいは、勝者の一方的な言い分や理屈だけで史実とされていないか、という警告なのである。

そして、その弊害として、歴史上の人物が正義と悪、または優秀と愚劣とに識別される結果となったのである。

さらに、このことを助長し、決定づけたのが歴史作家である。

複雑な歴史を単純化、簡略化することでよりわかりやすくした功績は認めるが、それにともない、歴史上の人物をも単純な人間にするという過誤を犯してしまうことになった。つまり、歴史に、正義と悪を、優秀と愚劣を持ち込んだのである。勧善懲悪の安っぽい時代劇ではあるまいし……。

なぜなら、ある歴史家が喝破したように、英雄は常に悪人だからであり、また下手《へた》があるので上手《じょうず》が知れるわけだから。

✽

この句に似た夏目漱石の言葉がある。

これは、漱石が英語教師だったとき、授業中に生徒が、先生の言った英単語の意味が、辞書とは違うと質問したときの返事である。

「それは、辞書がまちがっている」

世の中に絶対なものはない。なぜなら、万物は流転するのだから。

当然、歴史に対する認識や解釈も時とともに変わっていく。ことわざの意味が、いつしか正反対になっているように。

✽

かつて、ピラミッド建設に従事したのは、多くの奴隷であった、というのが定説となっていた。

ところが、今では、労働者によるものとされ、公共事業だった、ということになっている。どうしてこれほど解釈が劇的に変わったかと言うと、資料が発見されたからである。それによると、彼らは、現在の日本の労働者よりも恵まれていたのであった。

たとえば、二日酔いしたからとの理由で勝手に休んだり、身内に不幸があったということで数日間も休暇をもらえたりしたというのである。

労働組合などなかった時代に、こんなにも厚遇されていたにもかかわらず、歴史学者は何の根拠もなく、勝手な想像でもって、奴隷が過酷な労働を強いられていた、と決めつけていたのである。

その背景には、おそらく産業革命によって当時の労働者が劣悪な環境のもとでこき使われていた、という実態があったからだと考えられる。

してみると、科学技術の進歩も、さまざまな制度改革も、人間を幸せにすることには直接結び付かなかったということがよくわかる。いや、むしろ、生きていくことがむずかしくなっているようである。それを象徴するのが、日本国では毎年決まったように三万人もの自殺者が出ていることである（最近は、二万五千人台まで減ったらしいが）。

「歴史というものは、永久に真実を伝えられずに終わることがあるね」（堀悌吉）——すなわち、歴史とは、史実と史実かどうかあやしいものの羅列であって、必ずしも真実を伝えているわけではないのである。

なぜかと言えば、真実は、勝者や権力者にとって、はなはだ都合の悪いものだからに他ならない。

この点、真実は正義に似ている。と言うのも、正義を貫こうとすれば、周囲の人たちを傷つけ、ひいては世の中を混乱させることになるからである。

また、ダメなものはダメで、正義がすべてに優先するならば、世の中は成り立っていかない。なぜなら、人間は正義と共に長くは生きていけないからである。言うならば、成功が失敗の変種であるように、正義は悪の一種なのだから。

そして、自由のために、多くの血が流されたように、正義の名のもとに、多くの人たちが不幸になった。

つまり、正義とは、独善的な人間の強烈な思い込みであるがゆえに、どこかいかがわしく、何か安っぽい。

「しかしまた、じきに冬になるよ」（夏目漱石）――春の訪れを喜ぶカミさんに向かって、作中人物が口にした返事である。

素直に、そうだね、と言えばいいものを、あまりに大人げない態度である。カミさんは、ムッとしただろう。

これは、世に出ている「人生論」やそれに準ずるエッセイなどでよく目にする「日はまた昇る」と相通じるところがある。

それはつまり、確かに日はまた昇るが、じきにまた沈むからである。

そして、戦争と平和も、また同じである。戦争の後には必ず平和が訪れる。が、平和というのは、常に戦争の種を宿している。

すなわち、平和とは最初からあるのではなく、戦争なくしては、平和もないのだ。

したがって、漱石のこの句は、ただの理屈ではなかったのである。

✲

日露戦争の勝利で日本中が浮かれ沸き立っていたとき、列車で三四郎の前に座った紳士に、三四郎は、この先、日本はどうなるのでしょうかと聞いた。すると、その紳士は、三四郎が期待していたのとは真逆の、三四郎がびっくり仰天するようなことを口にした。

それは、ただ一言、「亡《ほろ》ぶね」であった。そして、それは見事に的中し、ちょうど四十年後の昭和二十年八月十五日、大日本帝国は滅亡したのである。

夏目漱石著『三四郎』は、まさに予言の書だったのである。

✲

漱石は、『吾輩は猫である』でも、日露戦争に勝って、これで世界の一等国になったと有頂天になっている日本人を批判し、警鐘を鳴らしている。

それは、他でもない、大和魂のことである。と言うのも、勝ったのは、大和魂を持っていたからだ、と信じ込まされていたからである。

大和魂は、東郷大将が持っていれば、詐欺師、山師、人殺しも持っている。誰もが口にするが、誰も見たことがなく、誰も聞いたことがあるが、会った者はいない。だとするならば、大和魂は天狗の仲間か……、という詩がそれである。

さすがに、イギリス留学して、外国から日本を客観的に見ていた漱石である。

✲

『平家物語』という盛者必衰をテーマとした国民文学を持っている日本が、まさにその通りのことをなぞってしまったとは、皮肉であった。

驕る平家ならぬ驕る日本だったからこそ、滅んだわけである。

なぜ、そうなったかと言えば、驕っている自覚がまったく欠けていたからである。

たとえ『平家物語』から学んだとしても、他人事であって、自分に関係ないと考えたならば、それは学んだことにはならない。要は、本人の自覚次第なのである。

「往々にして高い地位は、どんな才能の乏しい人にもつとまるものである」（ボーボナルグ）

——世襲制が可能なのは、そのためである。

✽

そんなわけで、どんなにつまらん連中でも上に立つことができたので、世の中が乱れたのである。

✽

高い地位がつとまるのは、それだけの器の持ち主でなければならないと勝手に決めつけたのは、歴史作家である。

なぜなら、そうしないと、作品の整合性、すなわち、つじつまが合わなくなるからである。たとえば、ゲスな人間が、どういうわけで、ある組織のトップに立ったり、成功したりすることの説明ができなくなるからである。

「ある歴史的人物が英雄となるのは、主として当時の条件と情況によるものである。この条件と情況は個人的な資質や能力よりもずっと重要なものである」（イチュウテン）——どうして、第二の信長や竜馬が現れないのか、の答えがこれである。

いつの時代にも、信長や竜馬の資質や能力を持った者が必ずいたはずである。

ところが、それぞれの時代の条件と情況が彼らに合わなかった。そりゃ、そうだろう。この二人が活躍するためには、世の中が乱世でなければならない、という制約があったわけだから。

「多くの人は、才能があってもそれを発揮できる機会を持ち得ず、才能を埋もれさせたまま死んでゆくのであろう。人間の価値など、その人がその時代に適応的だったかどうかだけにすぎないのではないか」（会田雄次）――つまり、その時代にうまくはまったか、はまらなかったかによって、英雄や偉人とそうでない人が決まる、ということである。

したがって、英雄や偉人が英雄や偉人となったのは、資質や能力に恵まれたことはもちろんだが、それ以上に人知を超えた運と偶然によるものなのである。

ある意味、最終電車に乗り遅れたか、ギリギリのところで間に合ったか、というそんなささいなことで、名を為したか無名のままで終わったのかが大きく左右されるのである。

✻

ある人が、本当の強さとは、いかなる環境にも適応できる能力に長けていることだ、と言った。

確かにその通りだが、それって、激動の時代限定ではないだろうか。また、一般的に、適応能力にすぐれた人というのは、それゆえに尊敬されていないようである。なぜなら、あらゆる環境の変化にうまく対応できるのは、自己や自我というものが欠如しているからである。だから、可能なのである。

戦前戦中の軍国主義者から、戦後一転して民主主義者、平和主義者に転身した人がたくさんいる。なかでも、学校の先生は、戦後、何事もなかったかのように、民主主義のすばらしさを教えたという。

そんな大人を見て、終戦直後の多くの子供たちは、大人とは何と醜い生き物なのかと刷り込まれたはずである。

すなわち、適応能力とは、容易に変節できる能力のことなのである。そんな人間の何に対して尊敬できると言うのか。

生きて行くことがすべてに優先した時代だったから、大勢に順応するのは当然のことではないか、というのはただの言い訳にすぎない。要は、信念がなかっただけのことである。

実際、高村光太郎のような人は、強く責任を感じて、戦後、世捨て人のような生活を自らに課したのだった。

✽

いつの時代にも、世渡り上手の人間が必ずいるもので、けっこうな出世をしていたり、資産を作ったりしている。が、人間は、出世や蓄財するために生まれ、生きているわけではない。

しかしながら、昨今、勝ち組、負け組のような、経済面や営業面での成功や失敗で、人生の勝ち負けを測る傾向が強くなっているのは、実に嘆かわしいことである。と言うのも、こんな名文句があるからだ。

「おれはなあ、人の成功を財布の中味ではかるようなゲスな人間ではない」

これは、映画『ウォール街』の主人公の父が、株取り引きしている息子に言った言葉である。

実際、その通りである。がしかし、世の中はゲスであふれかえっている。身近では、娘が彼氏を連れて来たとき、両親が真っ先に聞きたいのは、どこの会社に勤めていて、月収はいくらか、ということである。そして、どういう人間であるかは、二の次となっている。

何もこのことは、娘を持つ両親にかぎらない。女性一般についても言えることである。かつて、男選びの基準は、三高、つまり、高学歴、高収入、高身長と言われた時期があった。人間性は二の次どころか、ほとんど問題にもされていなかったのだ。

してみれば、全般的に女性は、ゲスということになるわけだ。しかし、これは女性が現実的な生き物であるという証明でもある。

では、ひるがえって男はと言うと、女性はきれいでかわいかったら、誰でもいいという、多分に夢想的生き物なのである。

なぜ、世界中に『シンデレラ物語』が例外なく語り継がれているかの答えが、まさにこれである。

権力と富を象徴する王子の気を少しでも引こうと、精一杯のおめかしをする女性たちの姿が何ともいじましい。当たらぬと承知していながらも、宝くじという夢を買わずにはいられない人間の心理に相通ずるものがある。

それはまだ、やむにやまれぬ人間の性だと言えるが、問題はその先である。

シンデレラが落として行ったガラスの靴にぴったりの女性と結婚する、と宣言した王子も異常だが、だからと言って、自分のものではないことが明白であるのに、何のためらいもなく、それに応じる女性がたくさんいたことである。図々しいにもほどがある。いくら、万が一のことがあるとは言え、そうまでして王子と結婚したいのか、とあきれてしまう。ましてや、当の王子は、顔認証ではなく、靴認証で結婚相手を決めるという、とてもマトモとは思えない男であるにもかかわらず、である。

つまり、ここに、王子でさえあればそれだけで十分で、他のことはどうでもいいという、女性の浅ましさが如実に現れている。

一方、男は、好きな女性のためなら、どこまでも愚かになれるというのが、シンデレラを顔ではなく、靴で捜そうとしたところにみごとに描き出されている。

そして、シンデレラ物語が世界中に存在している事実は、国や人種が違っても、男と女の本質は万国共通である、ということを雄弁に語っているのである。

そう。女性はあくまでも現実的で、男はいくつになっても夢想的なのである。

したがって、円満な夫婦という存在は、男女それぞれの人間性に対する冒瀆であるか、それとも、どちらかが本性を隠して生活している以外に考えられないのである。


「楽な金もうけはやめて、自分の人生で何かを生み出せ。人の物を買ったり売ったりではなく、自分で何かを作れ」——これも、『ウォール街』からの名文句である。ただ、こんなにもいいことを忠告してくれるいいオヤジさんがいながら、何で息子は証券マンなんかになったのか、不思議に思う。

他にも「物事を損か得かで考えるのは嫌いだ。それが、おれの生き方だ」という句もある。言うならば、人間として大切なことは、成功したか、出世したか、金を儲けたかではなく、その生き方そのものにあるのだ（とは言ったものの、これは負け組の自己弁護であり、自己憐憫でもあるのだが）。

「天変は畏《おそ》るるに足らず、人言は恤《うれ》うるに足らず、祖法の法は守るに足らず」――中国の宋の時代に大胆な経済改革を断行した王安石の句である。

断じて行なえば、鬼神もこれを避く、あるいは、自らをかえりみてなおくんば、千万人といえども吾れ往かん、という口先だけの句ではないところが、この句のすごさである。なかでも、祖法の法は守るに足らず、の句は光っている。なにしろ、過去と現状を完全に否定しているわけだから。

口先だけの二句は、単なる決意表明であり、さらに言えば、自己満足と自己陶酔に浸るためのものにすぎない。と言うのも、具体的に何をやるのか、まったく示されていないからである。

それに比べても、王安石の句は、過激である。むしろ、革命的であると言っていい。

本当に何かを為そうとするならば、これくらいの現状否定をする覚悟がいる。と言うか、現状にまったくそぐわない法は、それだけの理由で改正されるべきではないのか。

ところで、この国では、祖法とはとうてい言えない法を、絶対に守らなければならないとする現状維持派の人がけっこういる。と同時に、かつてこの国の多くの人々は、ある日を境に、鬼畜米英からギブミーチョコレートへと華麗な転身をとげた前科がある。

「重大問題によって、運命は下劣な人間を高い地位につけることで、その地位にまったくふ

さわしくないことを導く」（プルターク）――それを象徴するのが、ドイツのカイザー（ウィルヘルム二世）である。

二十世紀初頭、バルカン半島はヨーロッパの火薬庫だと言われていた。と言うのも、バルカン半島には、衰退著しいオスマン帝国と、その領土をハイエナのごとく狙っているセルビアをはじめとする幾つもの小国が混在し、ひしめき合っていたからである。

さらにその上、日露戦争の敗北でその鉾先をヨーロッパ、特にバルカン半島に向けてきたロシア、およびバルカン半島に領土を拡げようとするオーストリーハンガリーの両大国の思惑が交錯していたのである。また、両国の背後には、イギリスとフランスそしてドイツが控えていたのであった。

したがって、バルカン半島の爆発は、地域限定ではなく、ヨーロッパ全体に波及する可能性が高かったのである。

だがしかし、それとは別にカイザーがドイツ皇帝となったときから、第一次世界大戦の芽は順調に育っていたのである。すなわち、彼こそがヨーロッパの時限爆弾だったのだ。そして、彼が二十世紀の世界を造った、と言っても過言ではない。

アガジール事件、タンジール事件、イギリス海軍に追いつき追い越せのドイツ海軍拡張政策、その他にも三国干渉、及びロシアを焚きつけて日本と戦争させようと画策したことなど、世界中で紛争の種をまき散らかしたのである。

第一次世界大戦の原因が、いろいろと言われているが、そのすべての源流をたどると、カイザーに行き着く。

そして、二十世紀のさまざまな出来事のほとんどすべては、第一次世界大戦がその起源となっている。第二次世界大戦は、第一次世界大戦の後日談にすぎない、と言っても過言ではない。

二十世紀最大の出来事と言われるロシア革命とソ連の誕生も、第一次世界大戦を抜きにしては、考えられなかった。なぜなら、レーニンはドイツの支援を受けてロシアに帰国することができたからである。

英雄ナポレオンでさえ、ヨーロッパを支配したのは、わずか十年ほどだった。

ところが、愚かで下劣なカイザーは、二十世紀を支配したのである。

このように歴史は、英雄、偉人よりむしろ、無名な人間とそして愚者で作られるのである。

そして現代、カイザーと同じ資質十分のトランプ氏がアメリカ大統領となった。はたして、歴史は繰り返すのか……。その場合、悪夢は繰り返す、と言わなければならない。

✻

愚かな人間が後を断たないことによって、歴史は繰り返してきた。なぜかといえば、英雄、偉人と言えども、時には愚かになるからである。秀吉の晩年がそのことを見事に証明している。

「戦いが始まるとき、まず失われるものは若者の命である。そしてその死は、ついに報われたためしがない」――これは、戦争についての言葉ではない。が、戦争の本質を物の見事に突いている。

実は、この句は映画『仁義なき戦い・代理戦争』のナレーションなのである。

ただ、少し訂正しなければならないところがある。それは、まず失われるもの、のまずである。なぜなら、若者の命が失われるのは、戦いの間ずっとだからである。特に、戦いが終わりの頃には、若者どころか、少年の命まで失われるのは、白虎隊や二本松少年隊の例をあげるまでもないことである。

どういうわけか、少年や若者に比べてはるかに先の短い年配者の方がしっかり生き残っている、というのが戦いや戦争の実態である。

つまり、戦争とは、ある意味、老い先短い連中が、春秋に富む若者たちの未来を一方的、かつ強制的に奪い取る行為であると言うことができる。

「こうして壮絶きわまる北海道・北見の抗争もはかない『つわものどもが夢の跡』へと変わった。身を捨てるべき対象として、組も国もあまりに虚しい」（溝口敦）――歴史上、本当に虚しかったのは、江戸時代の武士である。わずかな扶持《ふち》のために、藩と殿様に身も心も捧げなければならなかったのだから。

それでも、話のわかる殿様であれば、耐えがたきを耐え、忍びがたきを忍ぶこともできる。だが、これが我がまま放題のバカ殿様であったなら、虚しいどころの話ではなく、悲惨である。

✽

そして、上に立つのは、たいていがつまらん連中である。これは、組や国にかぎらず、組織というものの本質であると同時に、悪しき宿命でもある。

このことは、会社にモロにあてはまる。業績が悪化すると、必ずリストラされる人が出てくる。すべては、会社という組織を存続させるためである。

これすなわち、トカゲの尻尾切りに他ならない。そう、尻尾は、頭を守るために犠牲となるという、もっとも重要な役目を担っているのである。

言うなれば、組織は非情なのである。したがって、我々もそのことを重々承知した上で組織に属さなくてはならないのだ。

✿

この句は、ある意味、お国のためと言われて、若い命を南の空に散らした特攻隊員のことを念頭にして言われた鎮魂の辞でもあるのだ。

✿

日本の組織の特質と言えば、隠蔽体質である。

これは、江戸時代から延々と続く日本の伝統である、と言っていい。

なぜ、そうなったかと言えば、すべては徳川幕府によるお家取り潰し策が、その根源にある。とにかく幕府に知られては困ること、改易《かいえき》の原因となることはすべて隠し通して、何事もなかったことにするのが諸藩の絶対至上命令となっていたのである。

つまり、藩士は、藩のために、藩に殉じなければならなかったのである。そこから、滅私奉公という為政者にとって、もっとも都合のいい句が生まれたわけである。

その結果、責任は家臣に押しつけ、有無を言わさず、詰め腹を切らせるという、ある意味、無責任体質が生まれたのである。

こんなことが、二百六十年余りも続いたものだから、隠蔽、無責任というものが日本、及び日本の組織に深く根ざす体質となってしまったのである。

昨今、武士道やサムライ精神がもてはやされている。だが、そんなものは、ひと皮むけば、日本病の元凶だと言っても過言ではない。

なぜなら、『武士道残酷物語』という書があるくらいだからである。そうなのだ。武士道とは立派なものではなく、残酷なものなのである。

「歴史とは、記録されたものがすべてにおいて事実であるという前提の上で構成されたものである。ところが、記録というものは、記録した者の主観が必ず色濃く反映されているわけで、そこには当然のごとく、隠蔽、改竄、歪曲、もみ消しがあったはずである。なぜなら、歴史の謎とは、真実が隠蔽、改竄、歪曲、もみ消しがあった結果なのであるから」（不詳）——太平洋戦争にかかわった多くの人たちにインタビューして、それを基にたくさんの本を出している識者がおられる。この方は、インタビューした相手がどういう人間であるかよりも、その話された内容の方を重視しておられる。

最近では、歴史学者の間で、史料の見直し、あるいは史料批判が盛んに行なわれ、これまで通説と信じられてきたものが、本当はそうではないと言われるようになった。

しかるに、その識者は、インタビューした相手がどんな人間であるかも確認せずに、一方的にその話されたことを信じておられるようなのである。

事実というものは、見方によって、そして見る角度によって、それから見る人間によって、さまざまな見え方をすると言うのにである。

また、インタビューに答える者は、必ず自分をより良く見せようと、自分に都合の悪いことは絶対に言わないし、そう思われそうなことを決して口にはしないものである。

そして、これが肝腎なことだが、記憶は自分にとって都合のいいように、ときどき本能的にウソをつくものである。

したがって、その話に対しては、必ずウラをとる必要がある。

だが、この識者は、インタビューの内容を鵜呑みにされているように思える。それとも、自分の考えと同じか近い、ということなのかもしれない。

ともかく、話半分という句もあるように、とかく人の話は大げさになりがちで、ついつい盛ってしまうことが多い。言うならば、ベラベラと一方的にしゃべりまくる人間の言うこと、とりわけ、戦争の話を得意気に話す人間は、まず信用できない。

なぜなら、語る資格のない者にかぎって、よくしゃべるものだからである。そして、本当に語る資格のある人は、固く口を閉ざして話してくれない。

自分のことは得々と話すくせに、他人については厳しく批判する人のインタビューに、どれほどの資料価値もない、と言っていい。

重要なのは、何を語ったかではなく、誰が、どんな人が語ったかなのである。

「……理由は何でもよいのであります。自分の死がムダではないという大義名分があれば、

けっこう楽に死ねるのであります」――映画『日輪の遺産』の名文句である。

だが、反面、これほど恐ろしい句もない。

なぜなら、イスラム過激派による無差別自爆テロや襲撃事件を起こすきっかけにも通じているからだ。

そう、すべては、自分の死が決してムダではなく、それどころか、大義のためである、と正当化されているところにある。

死は恐ろしい。しかし、大義は、その死さえも、楽なものにすり替えることができる魔力を持っている。

フランス革命のとき、ギロチン台で、ローラン夫人は、こう叫んだ。

「おお、自由よ。汝のために、どれほど多くの血が流されたことか……」

そして、太平洋戦争の日本では、お国のため、愛する自分の家族を守るため、と無理矢理、理由づけをして、はかなく散っていった多くの若者がいた。

死が恐ろしいという社会で生きているというのは、ある意味、幸せなことである。

七章　言葉からの歴史発見！

「小利大損」――わずかな利に固執したことによって、かえって大損してしまうこと。それを象徴しているのが、関東の覇者であった北条氏が、名胡桃城という取るに足りない小城ひとつを奪い取ったことである。なぜなら、これがきっかけとなって、秀吉による北条征伐が敢行され、四ヶ月後、二百万石以上の大大名だった北条氏が滅んだのであるから。

北条氏については、小田原評定とか、かつて上杉謙信や武田信玄から攻められても、びくともしなかった小田原城での籠城戦という輝かしい成功体験が邪魔をして、秀吉のすごさを見誤った、などと批判されることが多い。

だが、本当に批判されるべきは、名胡桃城という餌に、何の考えもなしに喰らいついたことである。

北条氏の人間は、まさかこれくらいのことで、秀吉が北条を潰しに来るとは夢にも思っていなかったであろう。

早い話、北条氏は、四国の長宗我部氏、九州の島津氏や大友氏に対する秀吉の処遇から、何も学んでいなかったのである。

長宗我部氏は、四ヶ国から土佐一国へ、島津氏も九ヶ国から旧領の二ヶ国半へ、それぞれ大幅に削減されたのである。

それどころか、かつて九州のうち六ヶ国の主であった大友氏は、秀吉に救援を依頼し、九州攻めの大義名分を与えたにもかかわらず、安堵されたのは、ようやく豊後一国にすぎなかった。

秀吉に逆らった有力大名でさえこうなのである。名胡桃城ごときに触手を伸ばすこと自体、自殺行為であったと言わなければならない。この場合、真田氏との係争地となっていた沼田地方をスパッとあきらめる決断をするべきだったのだ。

名胡桃城を確保するためだったら、北条氏の領国が無となっても良かったのか、と問うてみたい。

これは、日本軍による南部仏印進駐が、アメリカの石油全面禁輸につながったことに似ている。

ただ、北条氏の場合と違うのは、後に、南部仏印に進駐した海軍航空隊によって、イギリスの戦艦、プリンスオブウェールズとレパルスを撃沈できた、という実益があったことである。

それから、第一次世界大戦末期、講和交渉が行なわれたが、そのとき、ドイツは連合国側のある条件を受け入れられないと拒否したため、戦争はさらに一年近く続けられることになり、結果、ドイツは敗れたのだった。

もし、その条件を呑んで講和していれば、ドイツは敗戦国にならずに済んだし、ひいては、ヒトラーによる政権掌握もなく、第二次世界大戦は起こらなかったであろう。

その条件とは、ベルギーからドイツ軍が撤退するというささいなことだった。

どうして、ドイツが講和を蹴ったかと言うと、ロシアを降伏させて、意気が上がっていたからである。ロシア戦線の軍団を西部戦線へ回して、アメリカ軍が戦場に到着する前に一大攻勢をかければ、この戦争に勝てる、という自信があったからに他ならない。

しかし、ドイツとロシア改めソ連との間で結ばれたブレスト・リトフスク条約は、ソ連にとって、ずい分と過酷な内容だった。よくソ連が受け入れたものだ、と感心するくらいひどい条約であった。

このことが、厭戦気分が充満していたイギリス軍とフランス軍兵士には、絶好のカンフル剤となったのは、皮肉だった。

もしドイツに負けたなら、国土の三分の一以上を失うかもしれない、という危機感が、厭戦気分をいっぺんに吹き飛ばしたのである。

そして、アメリカ軍がやって来るまでは、何としてもドイツ軍の大攻勢をしのいでみせる、というところまで戦意があがったのである。

ところで、歴史の教材では、古代ギリシャでのアテネとスパルタのペロポネソス戦争で、アテネの扇動政治家たちが国と国民を誤らせて、何度もあった講和の機会をことごとく潰した結果、敗戦を招いたとして批判的な見解を述べている。

だが、それは根本的に間違っている。なぜならば、三十年近くにも及んだペロポネソス戦争にも、ニキアスの和という一年間の平和な期間があったからである。

では、なぜ再び戦争が続いたかと言うと、それが平和ではなく、単なる休戦状態だったからである。つまり、相撲における、水入りだったのだ。

アテネが講和を拒否したのは、扇動政治家たちに国民が乗せられたことよりも、伝統と栄光に輝く海軍艦隊が健在だったからである。

アテネの象徴であるアテネ艦隊の存在こそが、劣勢でありながらも、まだ勝てるという最後の頼みの綱だったのだ。

そして、アイゴスポタモイの海戦で、アテネ艦隊が全滅したことで、さしものアテネも万策尽き、無条件降伏する他なかったのである。

それでも、一部の扇動政治家たちは、あくまで徹底抗戦を叫んだのだったが、かえって民衆から殺されてしまったのである。

平和とは、戦争が終わったことで得られるものであり、戦争が終わるのは、当事者の一方がもうこれ以上戦うことができなくなったときである。もし余力を残して戦争が終わったなら、それは、平和ではなく、休戦というものである。

そのことをいやと言うほど思い知らせてくれたのが、第二次世界大戦である。と言うのも、第一次世界大戦の終戦時に、ドイツの陸軍部隊も海軍艦隊もかなり余力を残していたからであった。しかも、ドイツは国土を一坪たりとも占領されていなかったのだ。

したがって、第二次世界大戦は、第一次世界大戦のパートⅡと言うことができる。ただ違ったのは、日本がドイツに味方したことであった。

その結果、ドイツは国土を蹂躙《じゅうりん》され、日本は焦土とされた上に、原爆を二発も落とされた。

両国ともに、復讐する気を起こさせないくらい、または、戦争は悪の最たるものだ、と身にしみて思い知らされるほど、徹底的に負けたわけである。

つまり、余力を残しての平和は、仮面夫婦ならぬ、仮面平和なのである。


「好敵手」——これを象徴するのが、武田信玄と上杉謙信である。

しかし、両雄が直接、激闘を繰り広げたのは、第四回の川中島の戦いがあるきりで、我々が抱いているこの言葉のイメージからは、ずい分とかけ離れていると言わなければならない。

なぜなら、真の意味での好敵手とは、大将同士が生死を賭けて、一度や二度どころではなく、三度以上も戦い続けた間柄でなければならないからだ。

その点からすれば、三国時代の魏の司馬仲達と蜀の諸葛孔明の二人は、まったくふさわしくない。

そんななか、中国の歴史で、もっとも見過ごされている南北朝時代に、こう呼ぶにふさわしい二人の男たちがいた。

北朝の北魏が分裂して、東魏と西魏の二国になったわけだが、それぞれの実力者の二人が、まさにそうであった。

それが、東魏の高歓《こうかん》と西魏の宇文泰《うぶんたい》である。

この二人は、十年もの間、激闘、死闘を繰り広げたのであった。しかも、戦場のはるか後方で、ただ指揮をしているのではなく、軍の大将として、戦場を駆けめぐっていたのである。

そのため、両雄ともに、常に生命の危険と隣り合わせだった。

宇文泰など逃げる途中、落馬して、戦場の真っ只中に投げ出されたりしたのである。

また、高歓も、逃げているとき、敵将から自分の背中に剣を突かれるというまさに危機一髪のときがあった。

結果としては、お互い何度も勝ち負けはあったものの、引き分けで終わった。そして、両雄の結着は息子の代に引き継がれたのである。

ところで、なぜ中国の南北朝時代を熱く語るかと言えば、宇文泰の部下の子孫が、隋や唐を建国したからである。したがって、宇文泰の存在なくしては、隋や唐もなかったのである。

（※興味を持たれた方は、小著『三百年後の三国志』で）

✽

古代ギリシャにも、好敵手がいた。

それが、テーベの将軍、エパミノンダスとスパルタ王、アゲシラオスである。

二人が戦場で相まみえたのは二度だが、その他にも、ギリシャ諸国が一堂に会した会議では舌戦も繰り広げている。

エパミノンダスと言えば、教科書にも出てくる斜線陣という画期的な戦法で、当時世界最強と言われたスパルタ軍を敗った名将である。

もう一方のアゲシラオスは、ほとんど無名だが、彼は、アレキサンダー大王になりそこねた男でもある。

と言うのも、アレキサンダー大王の東征に遡ることおよそ六十年前、スパルタのアゲシラオス王は、スパルタ軍と同盟軍を率いて、ペルシア帝国を攻め、あと一歩のところまで追いつめていたからである。

さあ、これからだ、というまさにその時、スパルタ本国から帰還命令が出たのであった。それは、ペルシア帝国が、ギリシャで反スパルタ同盟を結成させ、ギリシャ各地で動乱を起こさせていたからであった。

ただこれだけのことならば、内地にいるスパルタ軍だけで十分に対応できたのだが、ギリシャの覇権を賭けたペロポネソス戦争でアテネを無条件降伏に追い込んだ、スパルタの英雄リュサンドルが、ハリアルトスの戦いで戦死したため、急遽、アゲシラオスを召還したというわけだった。

もし、この命令がなかったならば、アゲシラオスは、アレキサンダーよりもずっと前に、ペルシア帝国を滅ぼした男として、歴史にその名が刻まれたはずである。

彼の偉いところは、大魚を目の前にしながら、一言の抗弁もせずに、直ちに命令に従ったことである。

スパルタ王は、スパルタの最高権力者ではなく、あくまで軍事部門の最高司令官であり、本国からの命令を無視して独自の行動をとったり、卑怯な振る舞いがあったならば、たとえ王と言えども、死刑を宣告されることがあった。

また、スパルタ王は、常時、二人いて、もう一人の王、パウサニアスは、リュサンドルを見殺しにしたとして、厳罰に処せられたのであった。

スパルタ王のアゲシラオスとテーベの将軍エパミノンダスが相まみえたのは、反スパルタ軍がスパルタに攻め入ったときと、ギリシャを二分したマンチネイアの戦いであった。

一時は、エパミノンダスのテーベが、ギリシャの覇権を握る勢いにあったが、それを阻止したのがアゲシラオスだった。

テーベやアテネなどの反スパルタ同盟のせいで、アゲシラオスはペルシア帝国攻めをあきらめなければならなかったように、アゲシラオスによって、テーベによるギリシャ統一が阻止されたのだった。

言うならば、ギリシャがひとつにまとまってさえいれば、ペルシア帝国がいかに強大であろうとも、軍事的にはギリシャの敵ではなかったのである。

そして、それをものの見事に証明したのが、ギリシャを征したアレキサンダー大王だったのだ。

彼は天才と言われるが、そもそもギリシャ兵のひとりひとりが精強だったのだから、天才でなくとも、すぐれた将軍が指揮すれば、無敵だったのである。

しかも、その戦法は、エパミノンダスが考案した斜線陣に改良を加えたものだった。

さて、二人の好敵手は、マンチネイアの決戦で、テーベ陣営が勝って、スパルタは敗れたのだが、エパミノンダスが戦死してしまったため、その後、テーベはまったく振るわなくなった。

（※興味を持たれた方は、小著『ギリシャ三国志』で）

「破天荒」、**「波乱万丈」**——古代ギリシャのペロポネソス戦争後期のアテネの将軍、アルキビアデスのためにある言葉だと言っても過言ではない。

と言うのも、ペロポネソス戦争後期は、アルキビアデスがずっと製作、総指揮、主演をつとめていたからである。

何度か、その思惑、目論見がはずれはしたものの、だいたいにおいて、アルキビアデスを中心に世の中が動いたのである。が、これは、すごいことである。

にもかかわらず、彼の名がほとんど知られていないのは、ペロポネソス戦争自体にまったく光が当たっていないからである。

これは、中国の南北朝時代の高歓と宇文泰についても言えることである。

すなわち、歴史にはかなりの偏りがあるのだ。

はっきり言って、どうでもいいことが詳しく述べられるかと思えば、けっこう重要なものがあっさりと書かれているのが、しばしばである。

「好敵手」のエパミノンダスとアゲシラオスの二人が活躍した時代も、けっこう光っていると思われるのだが、その後に登場してきたアレキサンダー大王によって、完全にかすまされてしまった観がある。

さて、アルキビアデスの「破天荒」である。それは、彼がまったく身に覚えのない罪で訴えられたにもかかわらず、過去の悪行や身持ちの悪さが災いして、重罪を科せられる恐れが強かったため、アテネからの追及の手を逃れるべく、よりにもよって敵方のスパルタに亡命したことである。これだけなら、「破天荒」でも何でもないが、そのとき彼がやったことは、「破天荒」としか他に言いようがなかった。

まず、彼は、アテネの弱点をスパルタに教え、それからアテネが主導するデロス同盟の加盟国に対して離反工作を積極的に推し進めたのである。

これではまるで、彼は祖国アテネを売ったどころの話ではなく、敵視していると言うことができる。

この程度では、まだ「破天荒」とは言い切れない。

ところが、である。何と彼は、スパルタ王がアテネに出撃している留守中に、王妃と密通したのであった。しかも、子供まで出来たのである。男の子だった。このままいけば、アテネの将軍の子が将来スパルタ王となるかもしれなかった。が、さすがにそうはならなかった。リュサンドルとアゲシラオスが反対したからである。

続いて、「波乱万丈」である。

彼は、スパルタでの質素な生活に耐えられなくなったのと、疑いの目を向けられるようになったため、今度は、ペルシア帝国に再度亡命したのであった。

そこで彼は、ペルシア、アテネ、スパルタの三国をうまく手玉にとって、アテネへの復帰を策したのであった。アテネを窮地に陥れる策を講じておきながら、何を今さら、であるが、彼の目的はただひとつ、アテネ救国の英雄となることであった。

そして、みごとにそれを成し遂げたのだ。

しかし、スパルタのリュサンドルによって、またもやアテネにいられなくなり、北方の小さな国に亡命を余儀なくされた。

その直後のアイゴスポタモイの海戦で、アテネは大敗を喫し、降伏のやむなきに至ったわけである。

が、アルキビアデスを恐れるリュサンドルは、いつまた彼がアテネに戻り、アテネが復活するかもしれないと危惧し、彼を抹殺したのであった。

ちなみに、あのソクラテスが死罪となった理由のひとつが、アテネを裏切ったアルキビアデスが、彼の最愛の弟子だったことである。それも相思相愛だった。

（※これも『ギリシャ三国志』で）


「救国の英雄」――ただの英雄は時とともに忘れ去られる。ナポレオンを除いて。

だが、国を救った英雄は、そのときどきで思い出される。

フランスには、それが三人もいる、という珍しい国である。

ひとりは、ジャンヌ・ダルクである。誰でも知っている。

が、あとの二人は、あまりと言うより、ほとんど知られていない。

であるにもかかわらず、彼らは、勝利の組織者、そして勝利の父と呼ばれた。なぜなら、救国の英雄だからである。

勝利の組織者とは、フランス革命において、フランスが絶体絶命の危機に陥ったとき、軍の改革を断行し、みごとに反仏同盟軍を撃破した、公安委員会の軍事部門の担当者カルノーのことである。

フランス革命では、それこそ星の数ほどの人物を輩出したが、そのほとんどはギロチン台送りになるなどの不遇な死を遂げた。そして、そんな激動の時代を生き残ったのはごくわずかだった。カルノーは、その一人である。

それでも、クーデターで一時は死の危険に直面したのだが、誰かの「彼は、勝利の組織者だぞ！」の一声で、辛うじて助かったのである。

ナポレオンも彼には一目置いており、短い期間だったものの、帝政下で陸軍大臣であった。

フランスの文豪スタンダールは、ナポレオンの百日天下をこう評している。

「百日天下は、カルノー将軍の治世であり、ナポレオンは、陸相にすぎなかった」

彼が、帝政下の外相タレーランや警察大臣のフーシェほど名が知られていないのは、ただ単に、評伝などの本が出版されていないからである。

さて、三人目は、第一次世界大戦後のベルサイユ講和会議で、三巨頭のひとりと言われた、首相のクレマンソーである。

第一次世界大戦も四年目ともなると、フランス軍並びにフランス国民の間で、厭戦気分が満ちあふれてきて、戦争を終わらせるためなら、多少の譲歩は仕方がない、とまで思うようになっていた。しかも、兵士の脱走が相次ぎ、また上官への反抗が激しくなり、士気の低下は目をおおうばかりであった。

なぜ、勝利の父と呼ばれたかと言えば、それらを根底からくつがえし、ついにフランスに勝利をもたらしたのが、クレマンソーだったからである。

それにしても、救国の英雄が三人もいるというのは、すごいことである。

ひるがえって、我が日本では、神風とやらが一度吹いたきりであった。

人ではなく、自然現象が頼りであるとは、自然のすべてに神が宿ると信じている、この国らしいといえばこの国らしい。

「紙一重」――勝敗のことである。そして、それを象徴するのが、逆転サヨナラ勝ちであり、逆転負けである。

✲

ナポレオンの数多くの勝利は、どれも一方的な勝ち方という印象が強いが、決してそうではない。

マレンゴの戦いは、ナポレオンが皇帝となる前、第一執政のときの最初の戦いだったが、途中経過は、明らかにフランス軍の敗色が濃厚だった。しかも、ナポレオンの生死さえ、定かではなかった。そのため、本国では、次のトップを誰にするか、政府の要人たちの間で話し合いがなされていたほどである。

ところが、別行動を命じられていたドゼー将軍が、ナポレオンの危急を救うべく、マレンゴに戻って来たのである。これで、形勢は一挙に逆転して、辛うじてナポレオンは勝利を得ることができた。

ただ、ドゼー将軍は戦死してしまった。ナポレオンは涙を流して、命の恩人の死を悼んだが、その戦史には、ドゼー将軍のことが書かれることはなかった。

このときの部下に対する忘恩行為が、後にナポレオンに仇なす結果となったのである。

逃げるプロシア軍を追撃するよう命じられたグルーシー将軍は、その命令を忠実に守って、ひたすらプロシア軍を追いかけた。

しかし、プロシア軍はそれを振り切って、何と、ワーテルローの戦場に舞い戻って来たのである。

このとき、勝利目前であったナポレオンは、やって来たのがグルーシー将軍とばかり思っていたものだから、突然プロシア軍から攻撃されて、びっくり仰天した。

マレンゴとはまったく逆に、あと一歩のところで、勝利を逸してしまったのである。

しかしながら、本来ならば、マレンゴの戦いで負けていたはずのところ、たまたま勝ったために、その後、十年以上もヨーロッパ中を荒し回ることができたわけである。

そして、いくら天才であるとはいえ、運が尽きたとき、彼は没落したのである。

したがって、紙一重とは、運があったかなかったかの差なのである。

「運も実力のうち」と言う。が、そうではない。正確に言えば、実力を発揮できるか否かは、運次第である、と。

✽

ところで、ナポレオンが勝ち続けることができた大きな要因は、彼が天才だったからと言うよりも、敵に恵まれていたからである。つまり、頭が古かったり、悪かったのである。

そして、なぜ負け出したかと言うと、敵がナポレオンの戦法を研究したからである。つまり、マトモだったからに他ならない。

それと、勝っているときは、兵士が精強であることも、もうひとつの大きな要因なのだが、負け出すのは、精鋭だった兵士が多く倒れたため、補充された兵士が主力となったからでもある。言わば、戦力ダウンである。

ただ、これだけは言うことができる。それは、成功や勝利は、決して長続きはしない、ということである。

とりわけ、昨今の技術の進歩は目ざましく、ひとつの大ヒット商品の賞味期限は、せいぜい二年か三年である。そして、三年もしないうちに、別の大ヒット商品に駆逐されて、成功が一転して失敗にすり替わっていることも珍しくない。

成功や勝利に運は不可欠だが、運はいつか必ず、尽きるときが来る。……ナポレオンでさえ、そうだったのだから。

「ムダ」――これを象徴する最大のものが、軍備である。壮大な、と形容しても過言ではない。とりわけ、第一次世界大戦と第二次世界大戦のフランス艦隊は、何の役にも立たなかった。と言うか、トラファルガー海戦を最後に、フランス艦隊の名は海戦史から消えてしまった。また、第一次世界大戦でのドイツ艦隊は、ユトランド海戦という世界三大海戦のひとつに数えられる海戦を戦ったものの、その存在自体は、百害あって一利なしであった。

百害の最たるものは、ドイツが大艦隊を造ったことに脅威を感じたイギリスを、ロシアとフランスの陣営へ走らせたことである。

ただでさえ、ロシアとフランスから挟み撃ちされているのに、さらにその上、イギリスまで敵に回したのである。莫大な海軍予算を注ぎ込んだ結果が、ドイツ包囲網の完成だったわけである。

一時は、英独日の三国同盟構想が議論されていたにもかかわらず、この体たらくなのである。カイザーの愚劣さは今さら言わずもがなであるが、その他にもドイツで上に立った連中が揃いも揃ってつまらん連中であったことが、このことからも証明される。

それから、もうひとつの百害の最たるものが、ドイツの敗戦のきっかけとなったキール軍港での水兵たちの一斉反乱であった。その理由は、出撃命令を拒否したことによる。要は、死にたくなかったのである。陸軍は、数百万もの死傷者を出してなお、戦う覚悟でいたのに。

言うならば、海軍の伝統のない国がいくら大艦隊を造っても、ファイティング・スピリットまでは根づかせることはできないのである。

このことは、日露戦争のロシア海軍にもよく当てはまる。旅順艦隊は逃げてばかりいたのだから。

さて、ドイツの大艦隊の多くは健在であったのだが、敗戦後どうなったかと言うと、虜囚の身に耐えられずに、イギリスの軍港ですべて自沈したのである。

その点、ロシアのバルチック艦隊は、まだ希望と期待をかけられる存在であっただけに、ドイツ艦隊よりはるかに立派である。結果は、変わらなかったわけだが、それでも日本艦隊と戦った末でのことなのである。ドイツ艦隊と違って、悔いはなかったはずである。

すなわち、本当のムダとは、やってもムダだからと言って何もしないことである。

✻

かつて、ムダなものの象徴として、世界の三大バカ、ということが言われていた。どれも巨大なモノである。

それは、エジプトのピラミッド、中国の万里の長城、そして日本の戦艦大和の三つである。

しかしながら、ピラミッドと万里の長城は、今や貴重な観光資源であると同時に、国のシンボルとなっている。

同様のことは、ドイツのノイシュバンシュタイン城についても言える。築城当時は、バイエルン王の壮大なムダ遣いと批判され、退位させられる要因のひとつとなったが、現在は、観光ルートの定番である。

では、ひるがえって、現存せずに海底で眠っている我が戦艦大和はどうか。

三大バカの二つが今もって現役であるのに対し、大和は完全に過去の遺物となっている。

だがしかし、そうであるにもかかわらず、その悲劇の最期と相まって、大和は、日本の、また日本人の精神を象徴する特別な存在として、今なお我々の心の中で生き続けている。もし、世界精神遺産なるものが制定されるならば、平家物語と忠臣蔵と戦艦大和は、確実に候補にあげられるはずである。

滅ぶというのは、後世の人たちから完全に忘れ去られたことを言うのであって、懐かしまれるうちは、まだ確実に存在しているのである。

✿

本当に名実ともにムダだったのは、フランスの要塞、マジノラインである。

第一次世界大戦後、フランスは、ドイツ軍の侵攻を未然に防ぐために、膨大な軍事予算を投入して、この長大な要塞を造ったのである。

これによって、戦争が起こらなければ、安いものだ、というのがその基本理念であった。と同時に、第一次世界大戦の最大の攻防戦となったベルダン要塞で、ドイツ軍を撃退できた成功体験がその根底にあった。「夢よ、もう一度」である。

ここんとこは、日本海軍も同じである。日本海海戦での一方的な勝利の再現を、太平洋戦争でも夢見たわけだから。

それはさておき、結果はどうだったかと言えば、マジノラインは、ドイツ軍の電撃戦の前に、まったく無力だったのである。いや、戦わせてもらえなかった、と言う方が真実に近い。世の中の動きというのは、予想通り、思った通りになることはめったにない。たいてい、見事に裏切られるものである。と言うか、それが当たり前である。本当に重要なのは、その後、どのように立て直し、対処するか、である。

すなわち、ムダをムダのままで終わらせないことである。

✼

戦艦大和には、見るべき戦績はほとんどない。極端な言い方をすれば、アメリカ軍機の標的艦でしかなかった。

であるにもかかわらず、その最期があまりに悲劇的であったがために、沈んでも名を残したのである。そうなることがわかっていて、それを承知した上で、出撃したことも、日本人の心の琴線を大きく揺らした。

ひるがえって、ピラミッドや万里の長城が、それぞれの国民に対して何かを訴えることがあるだろうか。

その一方で、戦艦大和のいない日本は考えられないほどの存在感が、大和にはある。そしてそれは、ピラミッドや万里の長城をもしのいでいると言っても過言ではない。

滅びしものは、いつまでも懐かしいのである。

八章　歴史再発見！

「百姓は生かさぬように、殺さぬように」とうそぶいた家康の、どこが偉いと言うのか。

✽

大坂城の淀殿から味方になってくれと懇願された、秀吉の子飼いの大名、福島正則は、こう言って断った。

「三年遅く、三年早い」

三年遅いとは、三年前ならまだ加藤清正や浅野幸長らが生きていたということであり、三年早いとは、三年後にはいくら何でも家康は死んでいるだろうから、という意味であった。

彼にしては、機知に富んだ返事である。

だが、それならばなぜ三年前に起たなかったのだ、と問われたなら、正則は何と答えたであろうか。

三年前に起とうともしなかった男が、三年遅かったなどと気の利いたことを、よく口にできたものである。

石田三成は、二十万石足らずで起ったのだ。それに比して、福島の五十万石、加藤の五十万石、浅野の四十万石を併せて百五十万石弱で起たなかったのである。家康も、拍子抜けしただろう。豊臣子飼いで、骨のある奴は、三成ひとりしかいなかった、と。

要は、彼らは、豊臣家よりも、己の五十万石の方がかわいかったのである、三成には、主君から頂いたものはすべて主君のために捧げなければならない、という基本理念があった。そして、それに殉じたのである。滅私奉公ならぬ、無私奉公である。

そもそも、与えられたものは、いつかは取り上げられる運命にあるのだ。彼らは、そんなこともわからなかったのである。

その結果、福島家と加藤家は断絶の憂き目にあったのである。

自分の持てるものをすべて賭けた男は名を残し、わずかな持ち物を失うことを恐れ続けた者が恥をさらすことになる。

✽

「……天気晴朗なれど、波高し」の電文は、秋山真之が日本海海戦に自分がちゃんと参加したことを内外に知らしめるためのマーキングであった。

と言うのも、連合艦隊の首席参謀として、この海戦にまったくと言っていいほど、貢献しなかったからである。だからこそ、自分というものの存在を、電文に託すことでしか証明できなかったのである。

つまり、海戦に秋山が参加したと証明できる唯一の手段が、電文だったわけである。

彼は、海戦前にいろんな献策をした。

津軽海峡へ艦隊を移動させるべきであるとか、機雷作戦、あるいは七段作戦など、主席参謀として十二分に職務をまっとうしたのである。

だが、それらはすべて却下されるか、現場の状況から不可能となった。

言うなれば、日本海海戦は、自分の存在抜きにして戦われることが、彼自身、いやというほどわかっていたのである。

したがって、電文としては、名文中の名文とされるこの句は、秋山の精一杯の抵抗だったわけである。

さらにその上、東郷から、若い者は艦橋から下がっておれ、とまで言われるに及んでは、意図的な秋山はずし、と勘ぐられても仕方があるまい。

すべては、津軽海峡への移動を強硬に主張したことによる。

何が、天才戦術家だ。もし、東郷が主席参謀の意見を聞いていたならば、とんでもないことになっていた。

後年、秋山がある宗教にはまって、世捨て人のようになったのは、このとき周囲から無視されたことが原因である。すなわち、このまま海軍に居続けるのは、とても耐えられなかったのである。

言うならば、自尊心とプライドがそれを許さなかっただけのことではなかったか。

✽

坂本竜馬の手紙を読むと、大言壮語癖があって、彼自身がそんな自分に酔っている、という印象を受ける。

「竜馬がゆく」でも、彼の頭の中にあるのは、常に天下国家であり、心配事と言えば、国の行く末ばかりである。

「竜馬がゆく」の作者、司馬遼太郎氏は、晩年、小説をいっさい書かれずに、評論や紀行文ばかりを執筆されていた。

それを代表するのが、天下国家を論じた『この国のかたち』であり、国の将来を若い世代に託し、間違いを犯さないよう、しっかりと受け継いでもらいたい一心で書かれた『二十一世紀に生きる君たちへ』などである。

これからわかるのは、「竜馬がゆく」の竜馬は、坂本竜馬ではなく、司馬氏だということである。

どっちも、馬がついているが、これも決して偶然ではない。

✽

竜馬の大言壮語癖が余人と大きく違うところは、彼には勝海舟という幕府の有力者の存在がその背後に控えていたことである。つまり、勝が竜馬の大言壮語の保証人となっているのだ。信長がいなければ、秀吉や家康の存在はありえなかったように、勝なくば、竜馬はあれほどの活躍はできなかった。

✽

竜馬は、薩長同盟に力を尽くしたとして、幕府から命を狙われ、その後、薩長から用済みとされるや、一転して土佐藩と結託し、大政奉還を献策するなど、今度は薩長の恨みを買い、それによって土佐藩からも危険人物視された。

かくして、竜馬を暗殺したと言われる黒幕は、十指に余るほどである。はては、言うに事欠いて、師の勝海舟までもが疑われる始末である。

どうして、こういうことになったのかと言えば、竜馬ほど政治の裏側や機密に通じた者は他にいなかったからである。

知り過ぎた男が消される運命にあるのは、古今東西を問わない。

✽

日本の悲劇、すなわち昭和二十年八月十五日の原点は、日清戦争後の下関条約で、賠償金として、当時の日本の国家予算の何と三倍以上もふんだくったことにある。

明治維新からまだ二十七年目にして、こんなにも甘い汁を吸ってしまったものだから、戦争は、ある意味、ビジネスである、という誤った考えが国民の間に広まり、定着したのだ。

であればこそ、日露戦争前に、三国干渉のときに味わわされた屈辱と相まって、ロシア討つべし、という国民世論が形成されたのである。

そして、専門バカのある東大教授などは、バイカル湖まで攻めて行け、などと何の根拠もない、まったく無責任なことを主張したのである。

要は、清国から国家予算の三倍以上もの賠償金を得ることができたのだから、ロシアが相手だったなら、十倍は取れるだろう、というきわめて甘い考えが、主戦論の根底にあったのだ。

よく言われるのが、負けるとわかっているアメリカとの戦争を、なぜやったのだ、と。

しかし、このことは、日露戦争前と同じである。世界中で、日本にかかわったことのある数名の人間を除いて、絶対に日本が負けると考えていた。

日本と日本人が大好きだったロシアの文豪チェーホフは、これですばらしい国がなくなってしまう、と本気で慨嘆したくらいである。

要は、やってみなければわからない、ということである。また、「死地に生を求める」という句もある。

ただ言えるのは、負けるにしても、太平洋戦争でまさかあれほど徹底的に負けるとは、誰ひとりとして思ってもみなかったことである。

そして思うのは、もしあのときアメリカとの戦争を回避できたとしても、半年後には、大戦艦の大和と武蔵が実戦配備されることになっていたわけで、おそらく、アメリカとの戦争はただ先延ばしされただけだったろう。

アメリカと三年九ヶ月も戦えた軍備を持っていながら、アメリカと戦争しても負けるという理由で戦争をしない、というのは、はなはだ説得力に欠ける。

すなわち、アメリカとしばらくは五分五分でやって行ける戦力をなまじ持っていたから、勝敗は時の運であるとして、戦争に突っ走ったものだろう。

必然であることに対して、なぜ、と問うのを愚問と言う。

✻

江戸時代随一の名君と言えば、米沢藩の上杉鷹山である。

なぜ、そう言われるかと言えば、改革による財政再建に成功したからである。

ただし、米沢藩以外でも多くの藩が同じようなことをやっていたのである。にもかかわらず、鷹山ばかりが賞賛されているのは、他の藩では米沢藩ほど成功しなかったからである。

なかには、殿様はヤル気マンマンだったが、家臣たちはまったく非協力だったために挫折し、ヤケになってダメ殿になってしまい、とうとう家臣たちからも三下半《みくだりはん》を突きつけられ、失意のうちに世を去ったという気の毒な殿様もいたわけで、鷹山はその点、運が良かったと言うことができる。

では、どうして米沢藩で成功したのか。

それは、絶体絶命、待ったなしの藩の財政状況があって、根本的に改革しなければ、藩が破綻するのは、誰の目にも明らかだったため、家臣たちばかりでなく、領民たちも殿様に素直に従ったからである。

あまりの緊縮ぶりに、家格を何よりも重んじる上級藩士たちがこれに猛反発し、七家騒動を起こして、鷹山の失脚を画策したものの、彼らに同調する者が他にひとりも出なかったことが、藩の置かれた厳しい立場を如実に物語っている。

つまり、生きるか死ぬかの瀬戸際に立たされていたわけで、家名も上杉謙信公以来の伝統もへったくれもなかったのである。

確かに、鷹山は偉かった。が、彼の痛みを伴う施策を支持し、それに耐えた家臣たちや領民たちがいたからこそ、改革は成功したのである。

ナポレオンやヒトラーが、ヨーロッパを制するまさにその一歩手前までやれたのは、二人のリーダーシップや資質よりも、フランス軍とドイツ軍のそれぞれの兵士が強かったからである。

もし、この二人が、イタリア軍を指揮していたならば、ナポレオンの天才やヒトラーの電撃戦を可能とした軍備があったとしても、戦いに勝つことはむずかしかったはずである。

なぜなら、イタリアのトップに立ったムッソリーニが、アフリカのチュニジアやエチオピアとの戦いでは何とか勝利を収めたものの、ヨーロッパでの戦いではまったく勝てなかったからである。

「馬を水場に連れて行くことはできるが、馬に水を飲ませることはできない」という英語のことわざがある。

改革が成功したか失敗したかは、結局は、馬が自らすすんで水を飲んだか、それとも水を飲もうとしなかったか、の違いなのである。

✻

武田信玄が死んだとき、あるいは、その死が確認されたとき、家康は、このように言って、その死を悼んだ、という話がある。

「近き世で、信玄ほど弓矢に熟達した武将を見たことはない。その死はほんとうに惜しむべきことで、喜ぶべきではない」

なぜ、こんな戯れ言が伝わったかと言えば、家康が、武田氏の旧臣を数多く召し抱えたからである。彼らにあっては、信玄は神のごとき存在であったから、これ以上はないというほどの巧言令色を必要としたのである。

同様のことは、子の勝頼に対してもある。

それは、勝頼の首を前にして、信長は、罵倒しながら足蹴にしたが、家康は、うやうやしく丁重に扱った、という。

そもそも、信玄が熟達していたのは、弓矢ではなく、権謀術策においてである。また、家康が、妻室と愛息を手にかけて亡き者としなければならなかった最大の要因は、二人が武田勝頼に内通していたから、ということだったはずである。にもかかわらず、家康が本当に勝頼の首を丁重に扱ったというのなら、とんでもない食わせ者である、と言わなければならない。

それとも、勝頼のおかげで、邪魔者を始末できたことへの感謝の気持ちが、家康をして自然にそうさせたのであろうか。

ともかく、家康の言葉は、ウソ八百五十である。

と言うのも、終生のライバルであった上杉謙信も、似たようなことを口にしているからである。

「わが国の弓矢は、これより衰えんか……」

家康もそうだが、信玄からもっとも強く、また長く苦境に立たされ続けたのは、謙信である。そんな彼が、こんな白々しい、しかも心にもないことをシラフで言うはずがない。

であればこそ、信玄の死が伝えられるや、謙信は喜々として、越中国の反上杉攻めへと向かったのである。これまでさんざん苦しめられてきた越中国の連中を、このさい一挙に叩き潰すためであった。

また、謙信には、家臣から今川にならって、塩留めをするべきである、との献言に対して、次のようなことを言ったとある。

「信玄と敵対するのはあくまで戦場でのこと。塩責めなど、武士のとるべきことではない。ましてや、その苦しみは良民にも及ぶにおいてをや。良民をいたずらに苦しめるは、武士の本意にあらず」

上杉と武田の両軍の本隊同士が激突したのは、永禄四年の第四回川中島の戦いが、最初で最後である。

と言うのも、信玄が徹底して上杉との決戦を避け続けたからである。それは、弱い相手か、弱った相手、あるいは油断している相手としか戦わない、という信玄の基本理念による。

つまり、宮本武蔵と同じで、勝てる相手としか戦わない、ということに他ならない。

そこで、謙信は、武田方の海津城の後方にある妻女山という敵の内懐に本陣を置くことによって、信玄にいやでも戦わざるをえなくさせる大胆な作戦に打って出たのである。

何が、敵対するのは戦場だけだ、か。戦場以外のところで、謙信は、どれだけ信玄から苦しめられ、窮地に追いつめられたことか。

家康と謙信の言葉は、したがって、妄言以外の何物でもないのである。

では、どうして、こんな話が伝えられたかと言えば、家康は神君であり、謙信は軍神なのだから、それにふさわしい言動が求められた結果、言われる側はもちろんのこと、言う側もオマージュされるというみごとな創作が出来上がったわけである。

病的なまでの綺麗好き、清潔好きは、心の汚さの裏返しである、と誰かが言った。

美談や綺麗事の裏には、何かが隠されているものである。そして、そのために美しく飾られなければならないのである。

✽

海軍の良識派と言われた人たちは、アメリカとの戦争を始めたことをこう称した。「ジリ貧を避けて、ドカ貧に陥った」

だが、現実は、ドカ貧どころではなく、国が滅亡するかどうかの瀬戸際にまで立たされたのである。

もし、そうなることが予想できていたならば、誰がドカ貧を選択するか。もしかしたら、日露戦争のときのように、勝てるかもしれない、という淡い期待があったからいちかばちかの勝負に出たものであった。

このことを愚かだと決めつけるならば、世の中のほとんどの人間は愚か者となる。

また、ドカ貧という句からは、まだ変な余裕さえ感じられる。

言うならば、たとえが悪かったのである。このように言い換えれば良かったのだ。

「ジリ貧か滅亡か」

つまり、アメリカから突きつけられた事実上の最後通告であるハルノートを受け入れなければ、国が滅ぶと。

それでも、おそらく、「死中に活を求める」とか何とか言いつくろって、バクチを打ったであろう。

同様のことは、アメリカにも言えることだ。と言うのも、アメリカ軍は、まさか日本軍が特攻までやって戦ってくるとは想像もしていなかったはずである。そして、そうとわかっていたならば、安易にハルノートを切れなかったであろう。

だが、結局は同じことだった。

なぜなら、アメリカ軍は日本軍と日本人を完全にナメてかかっていたからである。あの真珠湾を攻撃したパイロットはきっとドイツ人だったにちがいない、などと本気で信じていたくらいだから。

実際のところ、日本、アメリカ共に、そうなるとわかっていたならば、誰が戦争をしたか。わからなかったから、やったのである。

✼

「砲弾がありません」というだけで、海軍は戦闘をやめた。一方、陸軍は、肉弾突撃を敢行した。

✼

今川氏の人質時代、家康は不運で、たいへんな苦労をし、忍従の生活を強いられた、と言われている。そして、この苦節の時代があったからこそ、天下人になったのだ、とも。

ところが、である。だとするならば、そんないやな思い出や記憶しかなかった駿府をなぜ隠居城としたのだろうか。

早い話が、彼はけっこう恵まれた生活を送っていたのである。あの太原雪斎から薫陶を受けていたわけでもあるし。

これは、いったい何を意味するかと言えば、偉人と言われている人種は、決まって青少年期にたいへん苦労をしなければならない、という不文律がある、ということに他ならない。

そう言えば、坂本竜馬も少年時代、泣き虫で寝小便垂れだったという。そしてそれを克服して、すごいことを成し遂げた人間にまで大きく成長した、という話になった。が、実際にはそんなことはなかったらしい。

とにかく、偉人というのは、あらゆるハンデを乗り越え、そしてそれを逆に力に変えることによって初めて、偉人になったと信じ込まなければならないもののようである。

家康の場合も、この法則に忠実に従ったものである。

✻

他の歴代の老中たちもみんなそれを当たり前のようにやっていたにもかかわらず、どうして田沼意次だけが賄賂政治家の代名詞のように悪く言われるのか。

それは、田沼には、他にこれと言った攻撃材料がなかったから、半ば慣習となっている袖の下を必要以上にあげつらったことによる。

徹底して田沼を攻撃したのは、寛政の改革で有名な松平定信である。そしてそれはみごとに成功し、田沼は失脚した。代わりに定信がいきなり老中首座となったのである。

それでも、田沼は、二十年もの長きに渡って政権を担当したのである。本当に彼が悪徳政治家であったのなら、こんなことはありえないはずである。それも、独裁者ではなかったのにである。ちなみに、松平定信が老中だったのは、わずか六年だった。

独裁者に共通するのは、言論表現の自由を絶対に認めないことである。自分をちょっとでも批判しようものなら、有無を言わさず牢獄送りか始末する。

しかし、田沼は、言論を取り締まらなかった。自由だった。それこそが、田沼だけが賄賂政治家であると後世にまで伝えられた、もうひとつの大きな理由である。

批判を受け入れる度量のある人間が悪徳であるわけがない。

それを言うのなら、むしろ松平定信こそが悪徳政治家である。

彼は、風紀を乱すというたったそれだけの理由で、あの喜多川歌麿を牢獄送りにしたのである。

これだけは、はっきりと言える。言論や表現を厳しく取り締まる奴に、ロクなのはいない。

✽

関ヶ原の戦いにおける島左近と大谷吉継への後世からの高い評価は、彼らへのオマージュと言うよりも、石田三成に対してのものである。

なぜ、この二人が持ち上げられたかと言えば、徳川の御用学者が三成の偉さをすべて消し去ることができなかったがために、仕方なく、その幾つかを二人に振り分けた結果なのである。なぜなら、島左近も大谷吉継も、三成あっての存在だからである。

つまり、三成なくしては、二人の存在はなかったと言っても過言ではないのである。

それを言うに事欠いて、徳川の御用学者は、二人がいたから、三成は三成であったように記したのである。まさに、本末転倒である、と言わなければならない。

✽

ミッドウェー海戦で最後まで奮闘した末に戦死した山口多聞が名将と言われているのは、彼が戦場で絶対に逃げなかったという、昭和の日本海軍では珍しい異質の提督だったからである。そんな当たり前なことが賞賛されるのは、海軍が闘う集団ではなかったということをいみじくも証明している。

それから、山口に次ぐ名将として、小澤治三郎の名を挙げる識者がいるが、彼はマリアナ沖海戦で大惨敗を喫し、続くレイテ沖海戦でも囮部隊であったとは言え、機動部隊を全滅させられたという重大な責任があった。

そんな彼であっても名将だと言うことは、他の提督たちがどんなであったか、推して知るべしなのである。

日本海軍が太平洋戦争で負けたのは、アメリカ軍の物量と暗号解読によると言われたが、それは明らかに問題のすり替えである。

本当の理由は、指揮官たちに、敢闘精神が著しく欠けていたことである。

であればこそ、レイテ沖に突入してほぼ全滅した西村艦隊だけがあの海戦を戦ったのだ、と評されたのである。

逃げたくても逃げられない南方の島の陸軍守備隊に対し、逃げようと思えばいつでも逃げられる海軍の軍艦。

そして、終戦で多くの陸軍の将軍が責任をとって自決したが、海軍ではほとんどいなかった。

終戦時の陸軍大臣、阿南大将が自決するに際し、海軍大臣である米内を斬れ！　と部下に命じたのは、このことがわかっていたからに他ならない。

つまり、最低でも、海軍のトップである海相に無理矢理でも責任を取らせろ、という意味だったのである。

そんな無責任な海軍を象徴するのが、特攻隊である。

特攻を命じた指揮官が若者たちを送り出すときに口にしたのが、「おれも必ず貴様たちの後に続くからな」という言葉であった。

だが、実際にその通りにした者はほとんどいなかった。

一般に、善玉海軍と呼ばれるが、善玉とは、そもそも、草双紙《くさぞうし》の顔に、善と書いた紙を貼りつけただけであって、言うならば、取ってつけたものにすぎないのである。

つまり、弱腰と無責任と言う実態を覆い隠すために、善であることを取り繕う必要があったわけである。

だが、このことを、偽善、という。

✻

民主主義が根付き、さらに発展したのは、戦争のおかげであった、という歴史の皮肉。

歴史の教科書で、古代ギリシャのアテネで民主政が著しく進展したのは、ペルシア戦争において、無産市民や下層民たちが軍船のこぎ手となって、サラミス海戦などで大活躍したことがきっかけとなって、政治的な発言力を持つようになったからである、と教わった。

同様のことは、第一次世界大戦後のイギリスでも起こった。

それは、大戦中に女性が武器や弾薬などを製造する軍需工場に大量に動員されたことが、女性の地位を急激に向上させる起爆剤となり、戦後ついに女性に参政権が与えられることになったのである。

日本では、戦争に負けたことによって、婦人に参政権が認められた。

言うならば、国破れて、普通選挙あり、だったわけである。

戦争は絶対にしてはいけない、と堂々と大声で叫ぶことができる世の中になったのは、戦争、及び戦争で負けたおかげである、という事実をしっかりと刻みつけておかなければならない。

✻

宗教改革、アメリカ独立、フランス革命などの世界史における重大事件に共通しているのは、金銭によって起こったということである。

宗教改革は、免罪符の販売がそのきっかけだったし、アメリカ独立も、イギリス本国からの度重なる新税の徴収が発端だった。そして、フランス革命である。

財政が事実上破綻したため、貴族や僧侶からも税を取る以外に打開する方策がなかったため、それを合法化しようと三部会を開いたわけである。ところが、何のことはない、第三身分の積もりに積もった不平や不満が噴出する場となってしまい、バスチーユ牢獄襲撃事件と相まって、後になってわかったのは、これがフランス革命の幕開けとなったことであった。

世の中には金で買えないものがある、また、本当に大切なものは金では買えない、などの綺麗事をよく耳にする。

だが、歴史は、金がないことによってどれほどたくさんの血を流してきたことか。

人間は、金なしで生きていくことはむずかしいし、綺麗事は、食べることができないのである。

✻

日本歴代の外相が、明治以来、国策を誤ってきた、といっても過言ではない。

まず、陸奥宗光である。偉人とされていて、今も外務省に胸像がある。

それはさておき、日清戦争後の下関条約で、清国に対して過大な要求をした。その結果、幕末以来の国難とも言うべき、三国干渉を招いてしまったのである。

遼東半島を持ち出さなければ、こんなことにはならなかったであろう。

たとえ軍の強い要望があったとしても、必ずや外国からの干渉を招く恐れあり、と説得するべきであったのに、その形跡すらない。

そんな陸奥の、何をもって偉人とみなし、胸像まで作ったのか、理解に苦しむところである。

次が、同じく偉人とされる小村寿太郎である。

火中の栗を拾いに行かされたポーツマス条約をまとめたことは評価されるも、満州の利権をアメリカと折半とするのを拒否したことは、後の日米戦争の種を蒔いたことになった。あれほどお世話になっておきながら、アメリカの要求をいっさい受けつけなかったのは、言語道断の所業と言わざるをえない。

太平洋戦争の源流をたどっていくと、そこには小村寿太郎の名がある。

それから、第一次世界大戦のどさくさにまぎれて、中国に対華二十一ヶ条要求を行ない、日中関係を事実上破壊したのが、加藤高明である。

これは、満州事変から日中戦争へと続く十五年戦争という、長い道のりの第一歩を強烈にしるしたもので、この要求に比べれば、アメリカのハルノートなど、まだかわいいものである。

そして最後が、松岡洋右である。

国際連盟脱退、三国同盟締結など、太平洋戦争への確かな道筋をつけた張本人である。

連盟脱退は、彼の本意ではなかったという話もあるが、ならばなぜそのとき職を辞さなかったのか。

彼はただ外交をもてあそんだ末、日本を孤立させた元凶である。

そんな外相や外務省など、かえってない方がましだったろう。

このように、彼らは揃いも揃って独走する独善的な連中であった。その結果、日本をダメにした。

確かに、軍はひどかったが、ほとんどの日本人はそれを認識している。しかるに、外相と外務省は、その自覚がまったくない。それどころか、戦争終結に向けてたいへんな努力をしたと自負している。

それはまるで、戦争への布石を打ったことなど、まったくなかったかのごとくである。国破れて、陸軍省と海軍省はなくなったが、外務省はそのまま残った。

なぜ、広田弘毅が文官からただ一人戦犯として死刑になったか。おそらく、外務省の責任を取らされたからではなかったか。病死した松岡洋右の身代わりとして、無理矢理に。

ところで、戦争と外相は密接な関係にある。日清戦争と陸奥、日露戦争と小村、第一次世界大戦と加藤、そして太平洋戦争と松岡というように、みごとにはまっている。

何を言いたいかと言うと、陸海軍と外務省は、戦争の両輪であった、という事実である。実行犯を陸海軍とするならば、それを教唆したのは外務省である、と言うことができる。

悪い奴ほど、よく眠るとは、外務省のことを言っているのかもしれない。

✻

諸葛孔明とシンデレラは似ている。

ただ、ひとつギモンに思うのは、二人は、迎えが来なければ、絶対に応じなかったのだろうか、ということである。

もし、そうだとするならば、よほどの自信家であり、自己愛と自尊心のカタマリのようなエゲツない人間であると言わなければならない。

九章　番外編　一年遅れの、天皇賞秋！

これは、競馬実況のアナウンサーの言葉である。そして、たったこれだけの中に、さまざまなドラマが込められているという、ある意味、すごい言葉でもある。

✼

一年遅れとは、一年前の天皇賞秋のレースで、絶対に勝つと言われていた、ダントツの一番人気馬、サイレンススズカに騎乗していた武豊騎手のことである。

万が一にも負けることがあったとしたら、それはレース中に故障が発生したときである、と解説者が自信をもって断言した。

ところが、その万が一のことが、現実に起きてしまったのである。

いつものように、スタートからブッチ切りで先頭を走って、快調に飛ばしていたサイレンススズカが、四コーナーを回りかけたところで、突然、ブレーキがかかったのだ。

その姿に誰もが我が目を疑った。それは、太陽が東からではなく、西から昇ったほどの衝撃だった。すなわち、何か夢でもみせられているような感覚に襲われたのだ。

彼がレース中に足を骨折したのは、明らかだった。

普通、骨折した馬は、その瞬間、どっと前のめりに倒れるものだが、サイレンススズカは違った。

彼は、折れた前足で目一杯踏んばって、何とか持ちこたえたのだ。

そのため、騎手が地面に叩き付けられることなく、また後続馬たちも、立ち止まった彼をうまくよけることができ、レースはつつがなく進行した。

本来ならば、レースそのものが大惨事となった可能性が高かったのを、サイレンススズカが身をもって阻止したのである。

……いや、そうではない。彼は、鞍上《あんじょう》の武豊騎手を守ったのである。わが身を犠牲にして。

競馬雑誌で、彼と武豊騎手が口づけしている写真を見たことがあった。

そこから、競走馬と騎手という関係を超越した、親密さと言うか何か強いキズナを感じた。

武豊騎手に乗り換わるまで、ただムダに早いだけの、そしてバカのひとつ覚えの先行策で、いつも最後の直線で失速しては、ファンの期待を裏切り続けたサイレンススズカ。

そんな彼を、スタートからゴールまで失速させることなく気持ちよく走らせて、連戦連勝させてくれた武豊騎手に対して、彼は自分の命に換えても絶対に守ってみせる、いや、何が何でも守らなければならない、という強い意志と使命感が、骨折した瞬間、無意識のうちに働き、彼を突き動かして鞍上を落馬させなかったのではないだろうか。

彼は、武豊騎手を守っただけでなく、それによって日本競馬界をも守ったのである。

騎手の落馬については、名馬キーストンの、涙なくしては語れない有名な話がある。

それは、レース中にキーストンが足を骨折して転倒しながらも起ち上がって、投げ出されて気絶していた騎手のもとへ、痛い足をひきずりながら近づいて行き、ぴくりとも動かなくなっていた騎手の身を気遣い案じて、顔をペロペロとなめた、というものである。

幸いなことに、騎手は無事であって、騎手生命も絶たれることはなかった。

だが、キーストンは再起不能と診断され、人間には認められていない安楽死処分となった。

✽

サイレンススズカもまた、レース後、安楽死の処置が取られた。

武豊騎手なくして、サイレンススズカはサイレンススズカになりえなかったように、彼の踏ん張りなくして、現在に至るまでの武豊騎手の存在も、あるいはなかったかもしれない。

✽

サイレンススズカの突然の競争中止とその死から、ちょうど一年後の東京競馬場で、彼が骨折してなお踏ん張って倒れなかったところに、ひとりの騎手がしばらく無言でたたずんでいた。まるで、彼の冥福を祈っているかのように……。

それは、この日、スペシャルウィークで、天皇賞秋の大一番に挑む武豊騎手の姿であった。

✽

したがって、「一年遅れの、天皇賞秋！」とは、武豊騎手がスペシャルウィークで勝った、という意味だったのである。

だが、事はそう簡単ではなかった。

と言うのも、前哨戦のレースで、スペシャルウィークは、断然の一番人気に支持されながら、まさかの惨敗を喫していたからである。

そのため、一部では、彼はもう終わった、とまで言われていたのだった。そして、本番の天皇賞秋では、これまでの実績からは想像もできない、屈辱とも言える四番人気に甘んじていたのである。

すなわち、「一年遅れの〜」という言葉は、事前に用意されていたものではなかったのだ。そんな不調だったスペシャルウィークがまさかの勝利を収めたのは、サイレンススズカの霊が後押ししたからではなかったか。

言うならば、「死せるサイレンススズカ、生けるスペシャルウィークを勝たせる」ということになろうか。

✽

ところで、四番人気で思い出されるのが、オグリキャップの引退レースとなった有馬記念である。

ただ、同じ四番人気でも、彼の場合は、過大評価としてのものであった。

なぜなら、その年の後半は、完敗や大敗が続いていたからだった。ファンの間からは、これ以上、みじめな彼の姿を見たくない、もう引退させてくれ、という悲鳴さえあがるほどの最悪の状態だった。

にもかかわらず、四番人気となったのは、多くのファンが、引退記念としての馬券を買ってくれたおかげであった。もし、それがなかったならば、十番人気以下だったであろう。

ところが、である。そんなオグリキャップが勝ったのである。後年のサイレンススズカとは逆の、まさかが起こったのである。

すると、感動した大観衆から期せずしてオグリコールの大合唱が沸き起こった。しかも、ほとんどの人が泣いていた。彼の鞍上には、武豊騎手がいた。

✿

感動と言えば、最近、競馬でそうなることがなくなって、ずい分と久しい。

ナリタブライアンとマヤノトップガンという新旧年度代表馬同士が激突した、阪神大賞典以来、とんとない。

あのレースは凄かった、という以外、他に形容のしようがないレースだった。

最後の直線での抜きつ抜かれつの両雄の、まさに火の出るような壮絶な叩き合いは、見ていて呼吸するのも時が経つのも忘れるほどだった。

それはわずか三十数秒ほどの出来事だったが、その間ずっと時がスローモーションで流れていたのを覚えている。

結果は、両雄の首の上げ下げという、一瞬の偶然によって、ナリタブライアンが勝った。

ちなみに、鞍上は、またしても、武豊騎手だった。

そしてナリタブライアンは、栄光に輝く三冠馬としてよりも、このレースによって永遠に記憶に刻まれている。

✿

ＧＩの引退レースを武豊騎手で勝った馬と言えば、シルバーコレクター（二着が多く、なかなか一着になれない）の代名詞とも言うべき、ステイゴールドである。

名前がゴールドでありながら、現実にはシルバーばかりで、ゴールドとはまったく縁がなかったという、名は体を現さなかった馬である。

重賞レースを一度も勝っていなかったにもかかわらず、普通にGⅠレースに出走して、何と、二着四回という、日本競馬史上もっとも特異な記録を持つ馬であった。

そんな彼だったから、新馬戦での勝利から実に二年八ヶ月後の目黒記念で重賞初勝利を飾ったとき、雨の日の土よう日だったのに、場内はまるでGⅠレースに勝ったがごとき大歓声があがったのだった。

不思議なことに、彼は、日本国内よりも、海外での評価が高かった。と言うのも、ドバイのGⅡレース（現在はGⅠ）で、ヨーロッパの最強馬に勝って優勝したからである。が、彼が日本のGⅠを勝ったことがないと知れると、誰もがたいへん驚き、日本の競走馬のレベルがそんなに高いのか、と二度驚かれたという。

さて、彼の引退レースは、香港の国際GⅠだった。そして、最後の直線を驚異の末脚で駆け抜け、圧巻の大逆転勝利をやってのけたのである。

このとき、先頭の馬とは大差がついての二番手を走っていて、誰もが絶対に追いつけないと思っていた。が、そこからのまさかの勝利だった。

重賞初勝利も、そして悲願のGⅠ初勝利も、鞍上は武豊騎手だった。

ちなみに、ステイゴールドが国内のGⅠレースでもっとも惜しかった二着と言うのが、スペシャルウィークにゴール寸前で鼻差抜かれた、あの天皇賞秋だった。

✽

ここからは、歴史同様の「もしも～」になる。

すなわち、もしもサイレンススズカが無事だったならば、武豊騎手は、スペシャルウィークとどちらに騎乗しただろうか。そして、どっちが勝っただろうか。

と言うのも、スペシャルウィークが勝った天皇賞秋は、レコード勝ちだったからだ。

日本競馬史上最強の逃げ馬と、武豊騎手を悲願のダービージョッキーにしてくれた馬との対決は、あの悲劇さえなかったならば、実現可能な夢のレースとして永遠に語り継がれていたはずである。

✽

さらに言うならば、武豊騎手を三冠ジョッキーにしたディープインパクトとサイレンススズカであったら、武豊騎手はどっちを選択したか、是非、本人に聞きたいものである。

✽

選択と言えば、的場騎手である。

十年か二十年に一頭出るか出ないかの逸材が、同じ年に二頭も出たことがあった。

だが、どちらも外国産馬だったため、当時は、ダービーなどの三冠レースや天皇賞には出られなかった。もし出走していたら、スペシャルウィークのダービー勝利はなかったかもしれない。

と言うのも、二頭のうちの一頭、グラスワンダーは、宝塚記念と有馬記念で、スペシャルウィークに勝ったからである。

それはさておき、もう一頭のエルコンドルパサーは、世界最高峰のレース、フランスの凱旋門賞で、惜しくも首差二着となったほどの名馬であった。

新馬戦のときから、この二頭に騎乗していたのが、的場騎手だった。そして、どちらか一方を選ばなくてはならないときを迎えていた。

かつて、岡部騎手も、シンボリルドルフと、もう一頭の強い馬との選択を迫られたことがあった。そして、苦渋の決断をして、シンボリルドルフを選んだのだが、結果は、三冠ジョッキーの栄誉を手にすることができて、昭和の名騎手と称えられた。

ちなみに、このとき選ばれなかった馬は、おおいに期待されていたものの、それほどの活躍はできなかった。

さて、的場騎手だが、この選択は、岡部騎手ほどに明暗が別れることはなく、二頭とも関係者の期待に十分こたえることができた。が、どちらかと言えば、グラスワンダーの方が、少し分が悪かった。

と言うのも、元気一杯のエルコンドルパサーに比べて、グラスワンダーの方がやや体が弱かったのである。病気がちだった。

普通ならば、エルコンドルパサーの方を十人が十人とも選ぶはずであった。

その能力に優劣の差がなくても、一年を通じて騎乗できる馬と、騎乗できるレースが限られている馬とでは、それは当然の選択だと言える。

しかし、的場騎手は、あえてグラスワンダーの方を選んだのである。なぜか。

おそらく、病弱であるがゆえに、的場騎手は、グラスワンダーを切り捨てるに忍びなかったからではなかったか。

そこには、損得勘定を超えた、騎手と競走馬の特別な結び付きがあったのではないだろうか。と同時に、的場騎手の心のやさしさを、垣間見るのである。

✼

それにつけても、何ともうらやましい話であり、選択であることだろうか。なぜなら、どっちがベストか、なのだから。一般人にしてみれば、まさに夢のような話である。

と言うのも、一般人にとっての選択は、どちらの方がより後悔しないか、というのがその基準となっているのだから。

たとえるならば、アメリカ大統領選挙で歴代大統領として常に人気ランキング一位と二位を争っているリンカーン対ケネディといった夢の対決と、片や、ヒラリー対トランプという現実との間における、天と地ほどの選択の差があるわけだから。

✼

さて、サイレンススズカである。彼は、そんなグラスワンダーとエルコンドルパサーの二頭と、天皇賞秋の前哨戦である毎日王冠で直接対決しているのだ。

結果は、スタートからゴールまでその影を踏ませぬほどの彼の圧勝だった。

そして、このレースが、彼の最後の勝利となったのである。

✼

日本競馬史上最強の呼び声が高いディープインパクトだが、彼はわずか二年ちょっとで競走馬人生を終えた。もう一年現役を続けていれば、ＧⅠレースを軽く四、五勝は上乗せできたはずなのだが、とても惜しいことだった。

が、それには、サイレンススズカが深くかかわっている。なぜかと言えば、ディープインパクトをサイレンススズカの二の舞にさせないためであった。

すなわち、最悪の事態が起こる前に引退させて、史上最強馬の血を絶やさないことを最優先したものである。言うならば、サイレンススズカのトラウマであった。

それほどまでに、奇跡の快速馬、サイレンススズカの早過ぎる死は、惜しまれたのである。彼の子を見たいというすべての競馬ファンの夢は、永遠の夢となってしまったのだから。

✽

最後に、サイレンススズカのベストレースは、GI初勝利となった宝塚記念でも、最強馬決定戦とも言うべき毎日王冠でもなく、金鯱賞《きんこ》である。

それと言うのも、この重賞レースでサイレンススズカは、GI馬などの並みいる強豪馬たちを尻目に、二着以下に大差、という前代未聞の圧巻の勝ち方を演じたのであった。

✽

「サイレンス　スズカと聞いて　涙かな」

あとがき

本書は、前著『反ことわざ人生案内』の続編の予定だったものが、歴史に重心が移ったことで別の内容となったために、急遽タイトルを変更した次第です。

歴史と銘打ったにもかかわらず、あらゆるところにことわざが顔を出すのは、そのためです。ところで、冒頭に宮崎県延岡市のことが出てきますが、これは、御当地の戦国武将を主人公とした小著『土持戦記』を書くにあたって資料を漁っていたとき、たまたま目にとまったものです。

他にも、もう一コ、西南戦争における西郷軍対政府軍の最後の決戦となった和田越の戦いや、その後、敗れた西郷軍の大脱出などもあったのですが、不思議？　というほどのこともなかったので割愛しました。

それにしても、日本の田舎の一地方が、一度ならず二度までも歴史を変えたり、作ったりした事実があるというのは、特筆に値するすごいことです。

最後に、元就出版社の濵正史氏にたいへんお世話になったことを、末尾ながらお礼申し上げます。

【著者紹介】

佐野量幸（さの・かずゆき）

著書＝『三百年後の三国志（三国志の時代から300年後の、再びの三国志の物語）、『ギリシャ三国志』（古代ギリシャを舞台に、アテネやスパルタの興亡史）、『土持戦記』（日向戦国武将物語）、『司馬氏！　しばし待たれい！！』（「坂の上の雲」に対する揚げ足取り及び言い掛かり集）、『終戦をプロデュースした男　梅津美治郎大将』、『神代勝利』（佐賀戦国武将物語）、『一般人のための「反ことわざ」人生案内』、その他。

不思議？　歴史発見！

2017年3月30日　第1刷発行

著　者　佐野量幸

発行者　濵　正史

発行所　株式会社元就《げんしゅう》出版社

〒171-0022 東京都豊島区南池袋4-20-9
サンロードビル2F-B

電話 03-3986-7736　FAX 03-3987-2580

振替　00120-3-31078

装　幀　クリエイティブ・コンセプト

印刷所　中央精版印刷株式会社

※乱丁本・落丁本はお取り替えいたします。

ISBN978-4-86106-253-7　C0021